Wege zur Bildungssprache im Sachunterricht

Thomas Quehl, Ulrike Trapp

Wege zur Bildungssprache im Sachunterricht

Sprachbildung in der Grundschule auf der Basis von Planungsrahmen

Waxmann 2015
Münster • New York

Gedruckt mit freundlicher Unterstützung der Landesweiten Koordinierungsstelle der kommunalen Integrationszentren Nordrhein-Westfalen (LaKI).

Bibliografische Informationen der Deutschen Nationalbibliothek
Die Deutsche Nationalbibliothek verzeichnet diese Publikation in der Deutschen Nationalbibliografie; detaillierte bibliografische Daten sind im Internet über http://dnb.d-nb.de abrufbar.

Print-ISBN 978-3-8309-3257-4
E-Book-ISBN 978-3-8309-8257-9

Steinfurter Straße 555, 48159 Münster

www.waxmann.com
info@waxmann.com

Umschlaggestaltung: Inna Ponomareva, Jena
Titelbild: © Contrastwerkstatt – Fotolia.com
Satz: Sven Solterbeck, Münster
Druck: CPI books GmbH, Leck

Gedruckt auf alterungsbeständigem Papier, säurefrei gemäß ISO 9706

Printed in Germany

Vorwort

Der vorliegende Band „Wege zur Bildungssprache im Sachunterricht – Sprachbildung in der Grundschule auf der Basis von Planungsrahmen" unterstützt die tägliche Arbeit der Lehrerinnen und Lehrer, den Sachunterricht als sprachbildenden Ort zu nutzen und systematisch den Erwerb der Bildungssprache im Regelunterricht zu fördern. Mithilfe der Rahmen lässt sich der Übergang von der Alltags- zur Fach- und Bildungssprache bei der Unterrichtsvorbereitung bewusster in den Blick nehmen. Grundlage der hier vorgelegten Materialien bildet das Scaffolding-Konzept, das die Aufmerksamkeit sowohl der Lehrerinnen und Lehrer als auch der Schülerinnen und Schüler auf diesen Übergang richtet. Ziel ist es, dass zukünftig alle Kinder ihre Stimme im Unterricht finden und mehr Möglichkeiten zum Mitsprechen – und so im Verlauf ihrer Bildungslaufbahn auch zu gesellschaftlicher Mitgestaltung und Teilhabe – erhalten.

Das ist auch eine zentrale Aufgabe der Landesweiten Koordinierungsstelle der kommunalen Integrationszentren NRW (LaKI), die insbesondere die Zusammenhänge zwischen migrationsgesellschaftlichen Diskursen und Konzepten einer durchgängigen Sprachbildung in ihrer Arbeit mit Schulen thematisiert. Die LaKI arbeitet in engem Austausch mit Wissenschaft und Schulpraxis und war bereits als frühere Hauptstelle der RAA (Regionale Arbeitsstelle zur Förderung von Kindern und Jugendlichen aus Zuwandererfamilien) in NRW Partnerin im Modellprogramm FörMig (Förderung von Kindern und Jugendlichen mit Migrationshintergrund). Die Veröffentlichung des dieser Handreichung vorausgegangenen Bandes „Sprachbildung im Sachunterricht der Grundschule" war ein Ergebnis dieser Kooperation. Die positiven Rückmeldungen zu den Erfahrungen mit dem Band aus den Schulkollegien, insbesondere der am Schulentwicklungsprojekt ‚Sprachschätze' beteiligten Schulen und von den Teilnehmerinnen und Teilnehmern der landesweiten LaKI-Qualifizierungsmaßnahmen bestätigen den eingeschlagenen Weg, die Arbeit in den Schulen mit praxistauglichen Materialien zu unterstützen, ohne dabei auf theoretische Konzepte und die Auseinandersetzung mit migrationsgesellschaftlichen Diskursen zu verzichten.

Wir bedanken uns bei Ulrike Trapp und Thomas Quehl für die Weiterführung dieser wichtigen Arbeit.

Dortmund, im Mai 2015
Christiane Bainski
Leiterin Landesweite Koordinierungsstelle
Kommunaler Integrationszentren NRW (LaKI)

Inhalt

1. Zur Einführung

Sprache ist in der Schule zugleich allgegenwärtig und unsichtbar. Im Laufe eines Schultages benutzen wir sie in einer Fülle von Situationen, vom Gruß am Morgen im Lehrerzimmer über Anweisungen und Gespräche im Unterricht bis zur Diskussion in der Lehrerkonferenz oder bei einem Elterngespräch. In zahlreichen Kontexten wählen wir unsere Worte wie selbstverständlich, in anderen haben wir genauer geplant, wie wir unser Anliegen ausdrücken möchten. Manchmal erfahren wir auch Irritationen, wenn beispielsweise eine Unterrichtsanweisung nicht richtig verstanden wird oder ein Argument in der Lehrerkonferenz nicht so zu vermitteln ist, wie wir es uns wünschen. Für eine Reflexion des Umgangs mit Sprache sind solche Situationen hilfreich, weil sie für einen Moment aufscheinen lassen, was in der Regel verhältnismäßig selbstverständlich geschieht: Mal bewusster, mal unbewusster wählen wir die Worte und damit verbunden grammatisch-syntaktische Strukturen aus, um in der Interaktion mit anderen Sprecherinnen bestimmte Bedeutungen herzustellen. In welcher Weise wir diese Auswahl treffen, hängt vom Inhalt ab, doch ebenso von der Beziehung zu den anderen, an der jeweiligen Situation Beteiligten und nicht zuletzt davon, was wir mit unserer Äußerung erreichen möchten. Als Lehrerinnen und Lehrer sind wir im professionellen Kontext Schule mit dem Inhalt dessen, was wir sagen wollen, wohlvertraut, die Beziehung zu den Schülerinnen, den Kolleginnen und den Eltern ist verhältnismäßig klaren Regeln unterworfen und wir haben eine Vorstellung davon, was die Sprache für uns leisten soll. Auch der institutionelle Rahmen, in dem wir die Berechtigung und die Zeit zum Reden erhalten, trägt dazu bei, dass uns die Äußerungen in der Regel gelingen.

Wenn hingegen die Kinder sich im Unterricht äußern möchten, können sich für sie aus mindestens drei Gründen Unsicherheiten ergeben: Zum einen sind sie jeweils erst im Aneignungsprozess jener Lerninhalte, über die sie sprechen, schreiben oder lesen. Zum anderen sind die Beziehungen des Kommunikationsraums Klassenzimmer durch eine ‚kommunikative Ordnung' (vgl. Becker-Mrotzek/Vogt 2009) gekennzeichnet, die Redeberechtigungen und -zeiten zuweist bzw. beschränkt, und drittens treffen die Kinder im Unterricht auf sprachliche Verhältnisse, die den aus ihrer Familie vertrauten nicht unbedingt entsprechen. Der Umstand, dass in ihrem familialen Alltag ein Dialekt, eine andere als die deutsche Sprache oder mehrere Sprachen gesprochen werden, kann die Passung zwischen den bisherigen Spracherfahrungen der Kinder und den Erwartungen, mit denen ihnen die Schule begegnet, erschweren. Die Schule ist daher gefordert, ihre sprachlichen Verhältnisse in einer Weise zu gestalten, dass jedes Kind ‚seine Stimme finden kann', sich anerkannt fühlt und seine Sprache(n) so verwenden kann, wie es dies aus seinem außerschulischen Kontext bislang gewohnt war: nämlich als Mittel fortlaufender Handlungs- und Welterweiterung. Wenn die Schülerinnen und Schüler unterschiedliche Erfahrungen mit Sprache(n) in die Schule mitbringen und sich auch daher heterogene Lerngruppen ergeben (vgl. Fürstenau 2012a: 6f.), so wird doch „die Bedeutung sprachlicher Differenz für das erfolgreiche Lernen im Unterricht in der Schule erst hergestellt" (ebd.: 7). Es ist an dieser Stelle, dass Sprache in der Schule nicht nur allgegenwärtig, sondern auch unsichtbar ist. In der prägnanten Formulierung von H.J. Vollmer und Eike Thürmann: „In gewisser Weise kann man Schulsprache auch als ‚Geheimsprache' der Bildungs- und Lebenschancen zuteilenden Institution Schule bzw. als ihr eigentliches, aber geheimes Curriculum sehen" (2010: 109).

Im Zuge der Auseinandersetzung mit der im deutschen Bildungssystem besonders engen Kopplung zwischen den sozioökonomischen Verhältnissen sowie dem kulturellen Kapital einer Familie und den Bildungserfolgschancen ihrer Kinder wurde in den vergangenen Jahren unter den Perspektiven ‚Bildungssprache' und ‚durchgängige Sprachbildung'[1] der Fokus auf die sprachlichen Verhältnisse der Schule gerichtet (vgl. Gogolin 2013).[2] Im Rahmen des Modellprogramms ‚Förderung von Kindern und Jugendlichen mit Migrationshintergrund – FörMig' (2004–2009) konzeptionell ausgearbeitet und in die bildungspolitischen und unterrichtspraktischen Entwicklungen eingebracht, sind die Konzepte mittlerweile ein etablierter Teil der erziehungswissenschaftlichen Beschäftigung mit den Gründen unterschiedlicher Bildungserfolge. Entsprechend heißt es in der aktualisierten Fassung des Beschlusses der Kultusministerkonferenz:

> „*Schule ist zentraler Ort für den Erwerb bildungssprachlicher Kompetenzen.*
> Das bedeutet:
> Die Schule sorgt dafür, dass Schülerinnen und Schüler unabhängig von ihrer Herkunft und den außerschulischen Lern- und Lebensbedingungen im Unterricht und im Rahmen außerunterrichtlicher Aktivitäten die geforderten Kompetenzen erwerben können. Den Erwerb bildungssprachlicher Kompetenzen organisiert die Schule als durchgängige Aufgabe aller Schulstufen und Fächer" (KMK 2013: 5, Hervorh. im Orig.).

Hier wird ein Wechsel deutlich von einer Sichtweise, welche die Verantwortung für eine Nichtpassung zwischen familialen Sprachsituationen und schulischen Spracherwartungen zumindest implizit den Familien zuweist, hin zu einer Perspektive der durchgängigen Sprachbildung, die es als genuine Aufgabe der Schule ansieht, die Aneignung der sprachlichen Voraussetzungen für erfolgreiches Lernen im Unterricht selbst zu schaffen. Eine solche Ausrichtung findet sich auch in anderen offiziellen Texten der Schul- und Unterrichtsentwicklung: So widmet der *Referenzrahmen Schulqualität NRW* der Bildungssprache und dem sprachsensiblen Fachunterricht einen eigenen Abschnitt, in dem es unter anderem heißt: „Lehrkräfte übernehmen Verantwortung dafür, dass alle Schülerinnen und Schüler die Bildungssprache erwerben können, und arbeiten im Bereich der Sprachkompetenzentwicklung zusammen" (Ministerium für Schule und Wei-

---

1 Siehe für ausführliche Darstellungen Cummins 2000: 57 ff.; Schleppegrell 2004; die Beiträge in Gogolin u. a. 2013 und Vollmer/Thürmann 2013. In diesem Zusammenhang werden jedoch auch andere Bezeichnungen benutzt. Heidi Rösch spricht von ‚Schulsprache als Stolperstein' (2003: 30) und auch Vollmer/Thürmann (2010: 108 f.) verwenden ‚Schulsprache', wobei sie sich explizit auf die Formulierung *Language of Schooling* (Schleppegrell 2004) beziehen. Gogolin/Lange skizzieren die Überschneidungen von Bildungs-, Schul- und Fachsprache: Schulsprache ist als ein Ausschnitt von Bildungssprache zu sehen, wohingegen es sich bei Fachsprache um eine Ausprägung von Sprache zur effizienten und genauen Verständigung in einem fachlichen Bereich handelt (vgl. 2011: 112). Zwischen Bildungssprache und Fachsprache lässt sich zudem die alltägliche Wissenschaftssprache verorten (vgl. Riebling 2013: 121). Für eine Gegenüberstellung im Schulalltag teilweise implizit vorliegender Modelle des Zusammenhangs von Alltags-, Bildungs- und Fachsprache siehe Lange 2012.

2 Eine Auseinandersetzung mit Ansätzen, die grundsätzlich den Zusammenhang zwischen sprachlicher Gestaltung der Schule und Bildungsbenachteiligung thematisierten, war zuvor im deutschsprachigen Raum nur kurz in den 1970er Jahren erfolgt und dann wieder „sang- und klanglos aus den Debatten" (Gogolin 2006: 83) verschwunden.

terbildung NRW 2014: 48). Hinsichtlich des Handlungsraumes der Lehrerinnen und Lehrer erscheint dieser Abschnitt besonders bedeutsam, weil er – wie bei anderen Prozessen der Schul- und Unterrichtsentwicklung auch – die Verantwortung der Lehrkräfte für die Fortentwicklung ihres Unterrichts benennt, zugleich aber deutlich macht, dass dies ein institutioneller Prozess ist, in dem Kolleginnen und Kollegen einer Schule sich gemeinsam und unterstützt von anderen an der Institution Schule Beteiligten auf den Weg machen, um „den Erwerb der Bildungssprache systematisch und koordiniert" (ebd.) zu fördern. Mit der im vorliegenden Heft vorgestellten Verwendung von Planungsrahmen möchten wir Anregungen zur Planung eines bildungssprachförderlichen Sachunterrichts geben, die zugleich die Berücksichtigung *systematischer* und *koordinierter* Gesichtspunkte erleichtert.

In diesem Zusammenhang ist die Unterscheidung hilfreich, die die *Adaption des europäischen Kerncurriculums für inklusive Förderung der Bildungssprache Nordrhein-Westfalen*[3] (IALT) für die Lehreraus- und Weiterbildung hinsichtlich der erforderlichen grundlegenden Kompetenzen der Lehrerkräfte trifft. Es wird zwischen Fähigkeiten, Wissen/Kenntnissen und Einstellungen unterschieden und unter anderem angeführt:

> „*Fähigkeiten:* Als reflektierender Praktiker fähig sein, einbeziehende und aufbauende Aktivitäten zu gestalten, um die Sprach-, Schreib- und Lesefähigkeit der Lernenden durch das Curriculum hindurch zu entwickeln und erweiterte Kompetenzen zu erwerben, um didaktische Instrumente einsetzen zu können, die das Lernen unterstützen (‚Scaffolding'); (…)
> *Wissen/Kenntnisse:* Register, Strukturen, Genres in ihrer Bedeutung für sprachliche Bildung im Kontext fachlichen Lernens sowie die Funktion der Sprache in sozialen Praktiken und in multimodalen Kontexten einordnen und analysieren (…); Kenntnisse über die sprachlichen (…) Anforderungen von Fächern oder Lernbereichen sollen den Bedürfnissen der Lehrkräfte entsprechen;
> *Einstellungen:* eine freundliche und unterstützende Haltung gegenüber benachteiligten Gruppen (…) eine positive Haltung gegenüber Kooperation und Vernetzung" (Bainski u. a. 2013: 13).

Die Arbeit mit Planungsrahmen ist innerhalb dieses Kompetenz-Dreiecks zu verorten: Bei der Planung einer Unterrichtseinheit bietet sie Lehrerinnen nicht nur die Möglichkeit, fortlaufend die Verbindung von fachlichem und sprachlichem Lernen zu berücksichtigen, sondern auch – gewissermaßen in einem zweiten Sinne ‚durch das Curriculum hindurch' – Aktivitäten zu planen, die in fachlicher und in bildungssprachlicher Hinsicht spiralcurricular aufeinander aufbauen. So können die Rahmen eine intensive Auseinandersetzung mit den spezifischen Registern, Sprachstrukturen und Genres des jeweiligen Faches bzw. Lernbereichs anregen oder weiterentwickeln. Aus Lehrersicht erfolgt die Beschäftigung mit Bildungssprache ‚benutzerfreundlich', da sie fortlaufend und auf die jeweils aktuelle Unterrichtseinheit bezogen stattfindet. Auch im Bereich der Einstellungen

---

3 Hierfür werden auch die Abkürzungen EUCIM-TE für *European Core Curriculum for Mainstreamed Second Language – Teacher Education* bzw. IALT für *European Core Curriculum for Inclusive Academic Language Teaching* verwandt. Bei dem Projekt EUCIM-TE handelte es sich um ein 2008–2010 durchgeführtes Projekt der Europäischen Kommission, an dem Institutionen der Lehreraus- und -fortbildung aus acht Staaten beteiligt waren. Ziel war es, ein Kerncurriculm für die Lehrerbildung zu entwerfen, das dem aktuellen Diskussionsstand einer in das fachliche Lernen integrierten Sprachbildung gerecht wird. Siehe auch http://www.eucim-te.eu/

kann die Arbeit mit den Rahmen unterstützend wirken. Im Planungsprozess wird deutlich, wie eng fachliches und sprachliches Lernen miteinander verbunden und wie groß daher die Herausforderungen für jene Schülerinnen und Schüler sind, die – aus unterschiedlichen Gründen – außerhalb der Schule keine oder nur eingeschränkte Möglichkeiten haben, sich bildungssprachliche Kompetenzen in deutscher Sprache anzueignen.[4] Nicht zuletzt gehen wir davon aus, dass die Arbeit mit Planungsrahmen für die Kooperation und Vernetzung innerhalb einer Schule bzw. zwischen Schulen hilfreich ist.

Hans-Joachim Roth hat den komplexen und fortlaufenden Konstruktionsprozess des Zweitspracherwerbs im deutschsprachigen Fachunterricht mit einem anschaulichen Zitatbild beschrieben: „Wie Schiffer sind wir, die ihr Schiff auf offener See umbauen müssen, ohne es jemals in einem Dock zerlegen und aus besten Bestandteilen neu errichten zu können" (Neurath 1932: 206, zit. in Roth 2006: 349). Wir möchten dieses Bild gerne für die Beschreibung gegenwärtiger Schul- und Unterrichtsentwicklung ausleihen. Denn Unterricht sprachsensibel zu gestalten, geschieht auf der ‚offenen See' schulischen Alltags. Die Aufnahme sprachsensibler Perspektiven und Unterrichtsarrangements ist nicht die einzige Entwicklung aktueller Bildungspolitik. Sie überschneidet sich vielmehr produktiv mit anderen Erfordernissen wie der Inklusion, kann aber im Schulalltag z. B. hinsichtlich zeitlicher Ressourcen, anderer Inklusionsaspekte oder fachdidaktischer Fortentwicklungen auch in Konkurrenz zu ihnen treten. Der Wellengang des schulischen Alltags kann unterschiedlich stark sein und auch deshalb ist es relevant, dass eine systematische und koordinierte Förderung der Bildungssprache *in Kooperation* erfolgt – sei es bei den Fachlehrkräften der Sekundarstufe, um diese Systematik erst einmal herzustellen, sei es im Klassenlehrerinnen-Modell der Grundschule, um die vielfältigen Anforderungen des Arbeitsalltags besser zu balancieren. In anderen Worten: Nicht jedes Segel muss immer wieder erfunden werden, wenn das Boot gemeinsam weiterentwickelt wird.

Entsprechend wird bei der Adaption des europäischen Kerncurriculums für inklusive Förderung der Bildungssprache für NRW mit dem ‚reflektierenden Praktiker' (Schön 1983) eine Perspektive gewählt, bei der die Lehrkraft die eigene Arbeit nicht nur hinsichtlich der Bildungssprache reflektiert,

> „sondern ihre Arbeit in den Gesamtkontext der Schule wie der umgebenden Gemeinde bzw. des Quartiers eingebettet sieht und auch aktiv einbettet, theoretisch durchdringt und sich regelmäßig fortbildet. Die Lehrkräfte erwerben eine wertschätzende Einstellung zu Kooperation und Vernetzung und fühlen sich in ihrer Arbeit gegenüber Schülerinnen und Schülern, Eltern sowie Kolleginnen und Kollegen verantwortlich. Sie sind bereit, bei der Planung des inklusiven bildungssprachlichen Unterrichts zusammenzuarbeiten, sich wechselseitig zu evaluieren, zu beraten und zu unterstützen. Sie tragen zur Entwicklung einer gemeinsamen Philosophie ihrer Schule bei, die inklusiven bildungssprachlichen Unterricht als

---

4 Obwohl der Zusammenhang zwischen Sprache und Bildungserfolg in medialen und politischen Debatten nicht selten auf eine Frage der zwei- oder mehrsprachig aufwachsenden Kinder und Jugendlichen verkürzt wird und dabei eine eigene Ausgrenzungsdynamik entsteht, wird fachwissenschaftlich darauf hingewiesen, dass dichotomisierende Beschreibungen, die lediglich zwischen ‚Kindern deutscher Herkunftssprache' und ‚Kindern nicht deutscher Herkunftssprache' unterscheiden, die Komplexität des sprachlichen Kompetenzerwerbs vernachlässigen (vgl. Lengyel 2010: 599). Daher ist die Auseinandersetzung mit Bildungssprache nicht nur didaktisch und bildungspolitisch bedeutsam, sondern auch relevant für die Frage, wie grundsätzlich und nicht diskriminierend über die Sprache(n) in der Migrationsgesellschaft gesprochen werden kann (siehe ausf. Dirim/Mecheril 2010).

> Bestandteil einer differenzoffenen interkulturellen Bildung begreift und die demokratische Partizipation aller Beteiligten als Bestandteil einer auch auf der Ebene des Kompetenzaufbaus ihrer Schülerinnen und Schüler erfolgreichen Schule bejaht" (Bainski u. a. 2013: 33).[5]

Gerade im Sachunterricht schöpfen Lehrerinnen und Lehrer oft aus einer Fülle unterschiedlicher Materialien und Erfahrungen, sodass ein hohes Maß an individueller oder im Team erfolgter Planungsarbeit in die Unterrichtsvorbereitungen einfließt. Hinsichtlich handlungsorientierter Elemente und fächerübergreifender Planung investieren sie viel didaktische Kreativität und haben häufig im Laufe ihrer Berufszeit zahlreiche eigene Materialien erstellt. Soll Sprachbildung kontinuierlich gelingen, müssen Perspektiven und Ansätze eines bildungssprachförderlichen Unterrichts mit diesen Erfahrungen und herausgebildeten Routinen in einen Dialog treten. Daher verstehen wir die vorliegende Handreichung als eine *flexible* Ressource. Sie stellt die Möglichkeiten der Arbeit mit dem Planungsrahmen in einer Doppelperspektive vor: Der Rahmen ermöglicht eine Klärung und Planung der Sprachhandlungen, der Sprachstrukturen und des Vokabulars, die für das Lernen in der jeweiligen Unterrichtseinheit erforderlich oder sinnvoll sind, und den Lehrerinnen bietet sich bei seiner Erstellung gleichzeitig die Gelegenheit, die eigene Sensibilisierung für den Zusammenhang von fachlichem und sprachlichem Lernen in dem Unterrichtsvorhaben zu schärfen. Um eine unterrichtsbezogene Einordnung der in der zweiten Hälfte der Handreichung angeführten Planungsrahmen zu ermöglichen und die Verbindung zwischen fachlichem und sprachlichem Lernen über die jeweilige Unterrichtseinheit hinaus auch in ihren spiralcurricularen Möglichkeiten von Klasse 1 bis 4 deutlich werden zu lassen, haben wir stichwortartig Unterrichtsaktivitäten angeführt, die den jeweiligen Rahmen zugrundeliegen. Dabei greifen wir auf das *Scaffolding*-Konzept[6] zurück, doch sind – darauf möchten wir im Sinne des zuvor genannten Dialogs hinweisen – Planungsrahmen natürlich nicht auf dieses Unterichtsarrangement beschränkt und können flexibel verwandt werden.

Die Handreichung gliedert sich in fünf Abschnitte. In Abschnitt 2 verorten wir die Arbeit mit dem Planungsrahmen, indem wir das Sprachmodell der systemisch-funktionalen Linguistik, das in der aktuellen Beschäftigung mit Bildungssprache und durchgängiger Sprachbildung bedeutsam ist, skizzieren, und stellen Überlegungen zum Sachunterricht als einem sprachbildenden Lernort vor. Vor diesem Hintergrund wird in Abschnitt 3 die Struktur eines Rahmens erläutert und in Teil 4 seine Verwendung in Beziehung zum *Scaffolding*-Konzept gesetzt. Teil 5 enthält exemplarische Rahmen für drei Themenbereiche der Klassenstufen 1 bis 4, bevor abschließend in Abschnitt 6 nach Anknüpfungsspunkten gefragt wird, die die Planungsrahmenarbeit mit weiteren gängigen Praktiken der Sprachbildung und des Sachunterrichts verbinden können.

Noch eine Anmerkung zur Schreibweise: Weibliche und männliche Formen werden, wo der Lesefluss es zulässt, zusammen, anderenfalls abwechselnd verwandt.

---

5 Der Bezug auf die ‚reflektierende Praktikerin' verweist somit auch auf den anspruchsvollen Charakter der Reflektionsbereitschaft: Einerseits gilt es die eigene Beteiligung an der Situation, die man bemüht ist zu verstehen, in den Blick zu nehmen (vgl. Schön 1983: 150 f.), andererseits können solche Prozesse als ‚zweifache Reflexionsschleifen' auch Modifikationen der Normen, Programme und Zielsetzungen der Institution, in der man arbeitet, beinhalten (vgl. Argyris/Schön 1978: 2 f.; siehe auch Scott 2008: 118 ff.).

6 An anderer Stelle haben wir die Arbeit mit dem *Scaffolding*-Konzept ausführlich dargestellt (siehe Quehl/Trapp 2013).

Jede sprachliche Äußerung ist in Interaktionen und Dialoge eingebunden und in diesem Sinne ist auch jeder Text, der schließlich in den Computer findet, das Ergebnis zahlreicher Interaktionen und Dialoge – mit Kolleginnen und Kollegen, Studierenden und Schülerinnen und Schülern. Ganz herzlich bedanken möchten wir uns dafür bei den Lehrerinnen und Lehrern und Teams des Schulentwicklungsprojektes ‚Sprachschätze', insbesondere bei den fünf Wuppertaler Grundschulen, die im Rahmen des bundesweiten Forschungs- und Entwicklungsprogramms ‚BiSS' (Bildung durch Sprache und Schrift), die (Weiter-)Entwicklung und parallele Erprobung von Planungsrahmen als Arbeitsschwerpunkt haben.

Damit ein Text aber auch aus dem Computer wieder herausfindet, bedarf es der Ermutigung, des kritischen Lesens und Kommentierens, der finanziellen Förderung und Unterstützung und der verlagstechnischen Umsetzung. Hierfür möchten wir uns ebenso herzlich bedanken bei Christiane Bainski, Wolfgang Paulssen, Susanne Weinbach, Ute Scheffler, Ulrich Schultze und Tore Trapp sowie bei Melanie Völker, Steffen Exner und Sven Solterbeck vom Waxmann Verlag.

2. Verortungen der Arbeit mit einem Planungsrahmen

2.1 Das Sprachmodell der systemisch-funktionalen Linguistik

Der Aufbau des Planungsrahmens knüpft in der hier vorgestellten Form an das Sprachmodell der systemisch-funktionalen Linguistik (SFL) bzw. *Functional Grammar* (Halliday/Matthiessen 2004; Erstauflage Halliday 1985) an, das in der Auseinandersetzung mit Fragen der Bildungssprache auch im amtsdeutschsprachigen[7] Raum sowohl in theoretischer (siehe z. B. Roth 2006; Gogolin/Lange 2011; Riebling 2013; Bainski u. a. 2013) als auch didaktischer Hinsicht (siehe z. B. Gibbons 2006a und b; Tajmel 2009; Quehl 2009) neue Aufmerksamkeit erfahren hat. Wenn Frances Christie, die sich bereits vor 30 Jahren mit der Sprache als dem ‚geheimen Curriculum' der Schule beschäftigte (1985: 37), von einer „Sprachtheorie für die schulische Praxis" (2012: 1) spricht, so ist auf den Umstand verwiesen, dass hier eine Beschreibung von Sprache vorliegt, mit der sich aufzeigen und begründen lässt, wie sich die Sprache im Verlauf der Schulzeit und im Verhältnis zum fachlichen Lernen entwickelt. Als schul- und pädagogikfreundlich erweist es sich dabei, dass die SFL den *funktionalen* Gebrauch der Sprache erfasst und damit in den Fokus rückt, dass Sprache in *Kontexten* verwendet wird, um *Bedeutungen* zu erzeugen, und dass dies in sozialer *Interaktion* geschieht. Aus einer solchen Perspektive lässt sich nachzeichnen, dass Schülerinnen und Schüler sich zusammen mit den *inhaltlichen* Bedeutungen die *sprachlichen* Mittel aneignen müssen, mit denen diese ausgedrückt werden. Zugleich wird deutlich, dass es umgekehrt jener inhaltlichen Kontexte bedarf um zur Aneignung bestimmter sprachlicher Mittel zu kommen.

Das IALT-Curriculum legt das systemisch-funktionale Sprachmodell zu Grunde und beschreibt den Zugewinn, der sich daraus für das Konzept der durchgängigen Sprachbildung ergibt:

> „Spracherwerb steht in Zusammenhang mit dem Gewinn an Zugang zu Weltwissen und den Möglichkeiten mit anderen zu kommunizieren. (…) Traditionell werden Sprache, Diskurs und die situativen und kulturellen Kontexte in der Zweitsprachdidaktik selten als sinnvolles Ganzes aufeinander bezogen. Diese war und ist stärker von strukturalistischen Modellen beeinflusst, die sich nicht so sehr mit dem Sinn befassen, sondern die Sprache als ein Regelsystem von grammatischen Strukturen und dem Wortschatzinventar von Sätzen verstanden. Der Effekt dieser Tradition war, dass man den schriftlichen und den gesprochenen Diskurs schlichtweg als Ausdruck von grammatischen Strukturen und Wortschatz ansah. Diese Auffassung handelt nur zufälligerweise und nicht systematisch von Sinn, und sie spricht die für schulisches Lernen zentrale Frage, wie die ‚Wortgestalt' des Textes (die Grammatik und der Wortschatz) Bedeutung erzeugen kann oder wie der Text mit seinem sozialen Kontext agiert, nicht systematisch an" (Bainski u. a. 2013: 16 f.).

---

7 Mit ‚amtsdeutschsprachigem Raum' bemühen wir uns dem Umstand Rechnung zu tragen, dass Deutschland und Österreich mehrsprachiger sind als in der traditionellen Bezeichnung ‚deutschsprachiger Raum' zum Ausdruck kommt.

Es erscheint sinnvoll, einige der Grundlagen der systemisch-funktionalen Linguistik kurz zu beschreiben, da vor diesem Hintergrund der Aufbau des Planungsrahmens deutlich wird und auch flexibler mit ihm gearbeitet werden kann. Die SFL geht davon aus, dass eine sehr enge Verbindung zwischen der Organisation der Sprache und dem sozialen Prozess existiert, in dem eine sprachliche Äußerung (‚Text')[8] zustande kommt, dass also eine „systematische Beziehung zwischen der sozialen Umgebung auf der einen Seite, und der funktionalen Organisation von Sprache auf der anderen Seite" (Halliday/Hasan 1989: 11) besteht. Sprache steht uns in der heutigen Form zur Verfügung, weil sie sich im Laufe der Jahrtausende in dieser Form entwickelt hat, ein Prozess, in dem sie die sozialen Erfahrungen geformt hat und gleichzeitig durch diese geformt wurde (vgl. Christie 2012: 4). Entsprechend ist nach einer grundsätzlichen Beschreibung zu fragen, die erfasst, wie sich der/die Einzelne Sprache im Laufe der individuellen Entwicklung aneignet. Kinder erwerben Sprache und grammatische Strukturen nicht als regelgesteuerte Einheiten und Kombinationen, sondern im Gebrauch und in der Interaktion mit anderen im Prozess eines gemeinsamen Herstellens und Austauschens von Bedeutungen. Aus diesen Prozessen ergibt sich eine funktionale Perspektive auf Sprache:

> „... wir vertreten eine funktionale Auffassung von Sprache in dem Sinne, dass wir daran interessiert sind, was Sprache tun kann – oder genauer: daran, was der Sprechende, sei es ein Kind oder ein Erwachsender, mit ihr tun kann; und in dem Sinne, dass wir versuchen das Wesen der Sprache, ihre interne Organisation und ihre Strukturen im Hinblick auf die Funktionen zu erklären, zu deren Erfüllung sie sich entwickelte" (Halliday 1978: 16).

Die SFL geht von drei Metafunktionen aus, die sich in jeder natürlichen Sprache herausgebildet haben als die übergeordneten Funktionen, zu deren Zweck Menschen Bedeutungen herstellen und Sprache benutzen: Die *ideen-/themenbezogene Funktion*[9] bezieht sich – im Sinne eines Formens von Ideen – auf die Erfahrung oder den ‚Inhalt', um den es bei der Benutzung der Sprache geht. Es handelt sich hierbei folglich um jene Bedeutungen, die mit der Darstellung von Erfahrung oder auch der Beschreibung von Ereignissen und Zuständen mit den dazugehörigen Dingen zu tun haben. Die *interpersonale Funktion* bezieht sich auf die Beziehung zwischen jenen, die an der sprachlichen Interaktion beteiligt sind. Somit geht es um Bedeutungen, die mit der Interaktion zu tun haben, z. B. Informationen geben/erfragen oder in der Rolle dessen sein, der Wissen weitergibt oder erhalten möchte. Sprache wird benutzt, um zu interagieren, um Beziehungen zu anderen aufzubauen oder aufrechtzuerhalten oder um auf ihr Verhalten einzuwirken; all dies ist Teil der interpersonalen Funktion. Die *textuale Funktion* schließlich bezieht sich auf die Bedeutungen, die hergestellt werden, um eine sprachliche Äußerung mit dem situativen Kontext zu verbinden. Dazu gehören auch jene Bedeutungen, die man hergestellt, um eine zusammenhängende Äußerung oder einen Zusammenhang zu anderen, sie umgebenden Äußerungen zu schaffen oder auch zum weiteren Kontext, in dem jeweils gesprochen oder geschrieben wird (vgl. Christie 2012: 4; Rose/Martin 2012: 20; Thompson 2014: 28 ff.). Wenn wir eine Äußerung tätigen, sind diese Funktionen simultan beteiligt. „Wir bringen gleichzeitig Information oder Erfahrung zum Ausdruck, gestalten

8 ‚Sprachliche Äußerung' und ‚Text' werden hier in einem allgemeinen Sinne verwandt, d. h. unabhängig davon, ob sie in *mündlicher* oder *schriftlicher* Form produziert werden.

9 ‚Ideen-/themenbezogen' wird hier als Übersetzung des englischen *ideational* verwandt.

eine Beziehung und organisieren die Sprache um einen kohärenten, sinnvollen Text zu schaffen" (Christie 2012: 4).[10]

Von besonderer Bedeutung für das Konzept der Bildungssprache und eine Beschreibung, wie sich die sprachlichen Anforderungen im Laufe der Schulzeit verändern, ist der daran anknüpfende Schritt der SFL, diese drei Metafunktionen zur Charakterisierung des Kontextes, in dem ein Text produziert wird, heranzuziehen. Texte realisieren soziale Kontexte und Texte unterscheiden sich daher voneinander in Abhängigkeit von diesen Kontexten, in denen sie entstehen. Da Texte Bedeutungen entlang der drei Metafunktionen schaffen, lässt sich der Kontext einer Situation hinsichtlich dreier Variablen beschreiben:

Die ideen-/themenbezogene Funktion findet sich im *field*. *Field* bezieht sich auf das Thema einer Äußerung, aber auch „auf das, was geschieht, auf den Charakter der sozialen Handlung, die stattfindet: Um was handelt es sich, womit die Teilnehmer beschäftigt sind und worin die Sprache eine wesentliche Komponente darstellt?" (Halliday/Hasan 1989: 12). Die interpersonale Funktion wird dem *tenor* zugeordnet. Er

> „bezieht sich auf die Teilnehmenden, auf ihre Art, ihren Status und ihre Rolle: Welche Arten von Rollenbeziehungen bestehen zwischen den Teilnehmenden (...) sowohl hinsichtlich der im Dialog angenommenen Sprechrollen als auch bezüglich des gesamten Netzes von sozial bedeutsamen Beziehungen, in welche die Teilnehmenden eingebunden sind?" (Ebd.)

Schließlich geht die textuale Metafunktion in die dritte Kontextvariable des *mode* ein:

> „Der *Mode of Discourse* bezieht sich auf die Rolle, die die Sprache spielt; auf das, was die Sprache in der Situation für die Teilnehmer leisten soll: auf die Organisation der Zeichen des Textes, auf den Status, der dem Text zukommt, und auf seine Funktion im jeweiligen Kontext, einschließlich des Kanals (gesprochen, geschrieben oder eine Kombination aus beidem) sowie auch auf den rhetorischen Modus: was erreicht der Text im Hinblick auf Kategorien wie Überzeugen, Darlegen, Vermitteln und dergleichen?" (Ebd.)

Den drei Kontextvariablen werden also zahlreiche Aspekte zugeordnet, deren Bündelung über die zuvor erfolgte Unterscheidung der Metafunktionen zustandekommt. Zusammengenommen ergeben die drei Variablen das *Register* eines Textes, verstanden als „die Konstellation lexikalischer und grammatischer Merkmale, die einen bestimmten Situationskontext umsetzen (...), sodass Register variieren, weil das, was wir durch Sprache tun, von Kontext zu Kontext variiert" (Schleppegrell 2004: 18). Konzeptionell wird auf diese Perspektive zurückgegriffen, wenn Bildungssprache als der Teil sprachlicher Kompetenzen verstanden wird, der in Kontexten der formalen Bildung verwandt wird und zur erfolgreichen Teilnahme an Lernprozessen erforderlich ist. Insgesamt lässt sich feststellen, dass Bildungssprache sich auch dann, wenn sie im Mündlichen der Unter-

---

10 Die drei Metafunktionen ließen sich ergänzen. So kann z. B. die ‚expressive' Funktion, bei der Gefühle oder Auffassungen zum Ausdruck gebracht werden, separat aufgeführt werden (vgl. Thompson 2014: 28). Bezüglich der ideen-/themenbezogenen Metafunktion werden in der *Functional Grammar* noch einmal zwei Komponenten unterschieden: die ‚erfahrungsbezogene' bezieht sich auf Erfahrungen, wie sie in Sätzen ausgedrückt werden, und die ‚logische' bezieht sich auf die logischen Bedeutungen, die zwischen zwei Sätzen oder Satzteilen geschaffen und in der Regel mit Konjunktionen realisiert werden (Christie 2012: 6 f.).

richtsgespräche verwandt wird, an den Regeln des schriftlichen Sprachgebrauchs orientiert. Bildungssprache findet Verwendung in Aufgaben zum Lernen, aber auch bei Prüfungen und in Schulbüchern. Im Laufe der Schulzeit und mit fortschreitender Ausdifferenzierung der Schulfächer wird sie zunehmend verwandt und von den Schülerinnen und Schülern erwartet (vgl. Gogolin/Lange 2011: 111).

Aber auch didaktisch und unterrichtspraktisch ist die Frage nach den Kontexten, in denen Texte produziert werden (sollen), wichtig. Denn so lässt sich fragen, welche Unterrichtskontexte als günstig oder hinderlich für das Hervorbringen bildungssprachlicher Äußerungen/Texte anzusehen sind. Wenn in Unterrichtsanalysen aus dem Primar- und Sekundarbereich festgestellt wurde, dass Schülerantworten sich häufig auf das knappe Beantworten von Lehrerfragen beschränken, dass Verben syntaktisch wenig eingebunden werden und längere kohärente Äußerungen selten sind (vgl. Ahrenholz 2010a: 24 ff.; Schmölzer-Eibinger 2013: 29), so erscheint es erforderlich, die Frage nach den sprachlichen Äußerungen im Unterricht in zweifacher Hinsicht zu stellen ist: *Was* wird gesprochen und *wie*, d. h. in welchem Kontext kommt der jeweilige Text zustande? Hier spiegelt sich die Perspektive der SFL wider, dass eine mündlich oder schriftlich erfolgende sprachliche Äußerung zugleich als ein *Produkt* und als ein *Prozess* aufgefasst werden kann. Als ein Produkt kann sie dokumentiert, untersucht sowie hinsichtlich ihrer Konstruktion in systematischer Weise dargestellt werden, während die Äußerung gleichzeitig als ein Prozess zu verstehen ist, bei dem fortgesetzt eine Auswahl bedeutungsbezogener und damit sprachlicher Mittel erfolgt – in „einer Bewegung durch das Netz der Bedeutungsmöglichkeiten (*meaning potential*), wo jede ausgewählte Kombination das Umfeld für eine weitere Kombination konstituiert“ (Halliday/Hasan 1989: 10).

Mit fünf Texten möchten wir illustrieren, wie es in verschiedenen Kontexten zu solchen ‚Bewegungen' bei der Auswahl der sprachlichen Mittel kommt und damit zugleich zu einer Bewegung auf dem *mode continuum* zwischen konzeptioneller Mündlichkeit und konzeptioneller Schriftlichkeit. Mit den Bezeichnungen der *konzeptionellen Mündlich-* bzw. *Schriftlichkeit* (vgl. zusammenf. Günther 1997) wird dem Umstand Rechnung getragen, dass man tatsächliche Äußerungen/Texte nicht zwei entgegengesetzten Polen ‚Mündlichkeit versus Schriftlichkeit' zuordnen kann. Vielmehr finden sich in gesprochenen Sätzen Elemente von Schriftlichkeit wie umgekehrt geschriebene Texte Elemente enthalten, die man eher den Merkmalen des Mündlichen zurechnen kann. Somit ist von einem Kontinuum auszugehen und reale Sprache kann jeweils an unterschiedlichen Punkten auf einem *mode continuum* verortet werden (vgl. Gibbons 2006b: 32 ff.). Dabei wurde mit ‚Sprache der Nähe' und ‚Sprache der Distanz' (Koch/Oesterreicher 1986) anschaulich ausgedrückt, dass der Grad, zu dem eine Äußerung/Text eher konzeptionell mündlich oder konzeptionell schriftlich ist, häufig entscheidend von seiner zeitlichen und/oder räumlichen Entfernung zu der Situation abhängt, von der darin die Rede ist.

In *Text 1* verwenden die Kinder ihre Alltagssprache. Da die Gegenstände des Experiments als geteilter Kontext für alle sichtbar sind, müssen sie nicht explizit benannt werden. Die Verwendung zahlreicher Deiktika[11] (*das, wir, jetzt, da, so, du, hier*) drückt diesen geringen Grad an Versprachlichung aus. Bedeutungen werden nicht nur sprachlich, sondern auch durch Gesten erzeugt, und im Bereich des *tenor* sind interpersonale Elemente (*mach, hättste, musst du*) kennzeichnend.

11 Deiktika sind Wörter, die auf die personellen, zeitlichen oder lokalen Charakteristika einer Situation verweisen.

[1] *Kinder einer 4. Klasse sprechen beim Experimentieren:*
„Mach das ein bisschen auf." „Wir machen jetzt Essig da rein." „Da hättste so machen müssen." (...) „Bei zweihundert musst du messen."„Hier, hier!"

[2] *Ein Kind berichtet den Mitschülerinnen und dem Lehrer vom Versuch:*
„Und wir haben zuerst in den -ähm- Luftballon Backpulver geschüttet und dann haben wir in eine Flasche, eine Mineralflasche- eine Mineralwasserflasche zwei Zentimeter Essig reingeschüttet."

[3] *Beim Erklären einer Lernplakatzeichnung:*
„Ähm, wenn es Sonne gibt, strahlt die Sonne in unsere Erdoberfläche - ähm - und danach steigt die - danach steigen die Strahlen aber wieder auf zu dem Himm- die- zu die Atmosphäre. (...) zu der Atmosphäre, aber die- die Kohlendi- die Treibhausgase - ähm- halten die Strahlung auf."

[4] *Auf einer Website für Kinder im Grundschulalter heißt es:*
„Die Erde ist von einer Lufthülle umgeben, die man *Atmosphäre* nennt. In der Atmosphäre befinden sich verschiedene *Gase*. Manche dieser Gase lassen das Sonnenlicht auf die Erde durch, halten aber die Wärme, die von der Erde in die Atmosphäre zurückgestrahlt wird, zurück. Das ist so ähnlich wie bei einem Glashaus (*Treibhaus*) im Garten. Deshalb nennt man diese Gase auch Treibhausgase. Ohne die Atmosphäre und ohne die Treibhausgase gäbe es kein Leben auf der Erde, denn es wäre viel zu kalt, weil die Wärme wieder in das Weltall entweichen könnte. Wir leben also auf der Erde in einem natürlichen Treibhaus" (Hervorh. im Orig.).

[5] *In einem Chemiebuch für die Klasse 7 findet sich folgende Passage:*
„Auf der Erde herrschen günstige Bedingungen für eine vielfältige Pflanzen- und Tierwelt. Besonders die Zusammensetzung der Luft (...), die Anwesenheit von Wasser und die durchschnittliche Temperatur auf der Erde von +15°C ermöglichen dieses Leben. (...). Etwa 70% [der Sonnenstrahlung] werden von der Erdoberfläche absorbiert und in *Wärmestrahlung* umgewandelt. Diese Wärme entweicht nur zu einem sehr geringen Teil ins Weltall. Der größte Teil wird wie in einem Treibhaus festgehalten, weil einige Gase diese Wärmestrahlung absorbieren (*Treibhauseffekt*) (...) Der natürliche Treibhauseffekt ist grundsätzlich lebensnotwendig. Seit dem Jahr 1960 wird allerdings ein übermäßiger Anstieg der Temperatur in der Atmosphäre beobachtet. (...) Die flüssigen, fossilen Brennstoffe werden als Treibstoffe für Fahrzeuge und Flugzeuge verwendet. In Kohlekraftwerken gewinnt man elektrischen Strom aus der Energie, die bei der Verbrennung von Kohle freigesetzt wird. Der gestiegene Bedarf an Treibstoffen und an elektrischer Energie führt also zu einem Anstieg des Treibhausgases Kohlenstoffdioxid in der Luft. Die damit verbundene verstärkte *Erderwärmung* ist somit vor allem von uns Menschen verursacht" (Hervorh. im Orig.).[12]

Im Vergleich dazu werden in *Text 2* im Bereich der Kontextvariable *field* die Wortwahl und die Verknüpfung der Sätze bzw. Satzteile verändert. In der Konstellation mit den Variablen *tenor* und *mode* ist ein größeres Maß an Versprachlichung erforderlich, da eine gemeinsame Situation als Verständigungsgrundlage der Beteiligten nicht mehr vorausgesetzt werden kann. Die Sprache muss nun mehr ‚leisten', weil zuvor implizite Bedeutungen explizit zu machen sind. Dies wird erreicht, indem die in Text 1 verwandten Pronomen durch Nomen ersetzt werden (anstelle von *das* nun *Luftballon*, statt *da* nun *in ... eine Mineralwasserfla-*

12 [1] bis [3] aus Quehl 2009, 2010; [4] Umwelt-Bildungs-Zentrum Steiermark 2014 und [5] Tausch/Wachtendonk 2008: 60.

sche) und für die Beschreibung der Prozesse präzisere Verben verwandt werden (*geschüttet, reingeschüttet*). In beiden Fällen bringt die veränderte Wortwahl eine Nutzung anderer grammatischer Ressourcen mit sich, die eine Differenzierung der Wortbedeutungen ermöglichen: Komposita und ein trennbares Verb.[13] Um den *Ablauf* des Experimentes in Text 2 sprachlich explizit zu machen, ist es darüber hinaus erforderlich, den Aspekt ‚Zeit' zu versprachlichen. Dies geschieht durch die alltagssprachlich übliche Verwendung des Perfekts (*wir haben …*) und durch temporale Adverbien (*zuerst, dann*) in Verbindung mit der koordinierenden Konjunktion *und*.

In *Text 3* werden die Kontextvariablen in ähnlicher Weise umgesetzt, wenn *field* durch Nomen und durch Handlungsprozesse beschreibende Verben realisiert wird. Auch das Sprechen vor einem selbstgezeichneten Lernplakat schafft eine Konstellation von *field, tenor* und *mode*, die Äußerungen erfordert, welche kontextunabhängiger sind als Text 1. Zugleich kommt es jedoch zu einer Veränderung der ‚Akteure'. Der Agens ist nicht mehr *wir*, sondern geht in Text 3 über auf *die Sonne, die Strahlen* und *die Kohlendi- die Treibhausgase*.[14] Es zeigt sich, dass „Sprache die wesentliche Bedingung ist um zu wissen, der Prozess, durch den Erfahrung zu Wissen *wird*" (Halliday 1993: 95, Hervorh. im Orig.). Denn die Prozesse, die das Kind hier beschreibt, sind im Gegensatz zu den Prozessen des *Wir* in Text 2 nicht mehr der unmittelbaren sinnlichen und handelnden Erfahrung zugänglich. Beim multimodalen Lernarrangement der Lernplakatpräsentation wird die Herstellung der Bedeutungen inhaltlich unterstützt durch die Bereitstellung von Begriffen und von Pfeildarstellungen, die Prozesse markieren. Diese Bedeutungen muss der Viertklässler jedoch *sprachlich* explizit machen. Zum einen ist hierfür im Bereich des *field* eine lexikalische Auswahl zu treffen. Dabei zeigt der Text recht gut, wie das *mode continuum* zwischen konzeptioneller Mündlichkeit und konzeptioneller Schriftlichkeit nicht nur als Übergang zwischen Alltags- und Bildungssprache zu konzeptionalisieren ist, sondern ebenso als eine ‚pädagogisch-didaktische Bewegung' der Überführung von Vorerfahrungen und Alltagsbegriffen in fachliches Wissen und Fachbegriffe (Abb. 2). Hierauf werden wir im zweiten Teil dieses Kapitels noch einmal zurückkommen. Text 3 zeigt, wie diese Elemente auf dem Spektrum ineinandergreifen: *Sonne* und *strahlt* sind alltagsprachliche Begriffe, *Strahlung, Erdoberfläche* und *Atmosphäre* hingegen der fachlichen Begrifflichkeit zuzurechnen. Der alltagssprachlich bekannte Begriff *Strahlen* lässt sich zwischen diesen beiden Bereichen ansiedeln, da er einerseits zum Mal- und Zeichenrepertoire der Kinder gehört und andererseits für ein Konzept steht, das in den Naturwissenschaften von Bedeutung ist.

Zum anderen zeigt der Text, dass im Bereich *field* eine Auswahl hinsichtlich der logischen Beziehungen zu treffen ist. Logische Verknüpfungen, die zur Um-

13 Zwei Einwände scheinen bei dieser Zählweise der Veränderungen zwischen [1] und [2] möglich: Das Wort ‚Luftballon' ist zwar grammatisch ein Kompositum, Kindern aber in der Regel eher geläufig als ‚Ballon'. In [1] wurden bereits zwei, allerdings recht unspezifische, trennbare Verben verwandt (*aufmachen, reinmachen*).

14 Die Agens-Veränderung in [3] ist natürlich vor allem auf eine inhaltliche Veränderung zurückzuführen, da hier nicht mehr über das Experiment, sondern über das Phänomen des Treibhauseffektes gesprochen wird. Wir haben diese Beispieltexte gewählt, da uns ein solcher ‚qualitativer Sprung' hinsichtlich der Komplexität und des Abstraktionsgrades der Inhalte unterrichtstypisch erscheint. Ein entsprechend im Register von [3] gehaltener Text über den Versuch zur Entstehung von Kohlendioxid würde den Agens durch unpersönliche Ausdrücke (*man, lässt sich …*) ersetzen (siehe für Text-Beispiele entlang des *mode continuum*, bei denen das Thema konstant bleibt, Gibbons 2002: 3 f. und Riebling 2013: 142 ff.).

setzung des *field* beitragen, sind beispielsweise solche der Zeit, der Konsequenz, des Vergleichs, der Hinzufügung oder auch der Ursache und der Gegensätzlichkeit (vgl. Schleppegrell 2004: 54). In Text 3 werden logische Verknüpfungen durch die Verwendung von Konjunktionen umgesetzt. Hierbei verwendet das Kind sowohl subordinierende (*wenn …, strahlt …*) als auch koordinierende Konjunktionen (*zu der Atmosphäre, aber …*), die wiederum verschiedene syntakische Strukturen erfordern (Nebensatz/Hauptsatz bzw. gleichberechtigte Hauptsätze). Auch diese Verwendung subordinierender Konjunktionen verschiebt Text 3 auf dem *mode continuum* ein wenig in Richtung größerer konzeptioneller Schriftlichkeit. Während in der Alltagssprache subordinierende Konjunktionen weniger häufig sind, gelten sie als charakteristisch für bildungssprachliche Satzstrukturen. Obwohl das in Text 3 verwandte *wenn* zur kleinen Gruppe alltagssprachlicher subordinierender Konjunktionen gehört (vgl. Riebling 2013: 138), markiert der Text daher hinsichtlich der Satzstrukturen eine Bewegung in Richtung konzeptioneller Schriftlichkeit. Darüber hinaus zeigt die Verwendung des *aber* an zwei Stellen des Textes, wie durch die Auswahl von Konjunktionen im *field* inhaltliche Bedeutungen geschaffen werden und zugleich Textkohärenz hergestellt wird.

Text 4 enthält zahlreiche bildungssprachliche Elemente. Dazu gehören Fachwörter (*Lufthülle, Atmosphäre, Gase*), Komposita (*Lufthülle, Sonnenlicht, Treibhaus, Treibhausgase*), Präfixverben (*durchlassen, zurückhalten, entweichen*), reflexive Verben (*sich befinden*) und der unpersönliche Ausdruck *man*. Auch die komplexeren Verbformen, die Bildungssprache kennzeichnen (vgl. Gogolin/Schwarz 2004: 843 f.), sind vorhanden: das Passiv (*ist … umgeben , … zurückgestrahlt wird*) und der Konjunktiv (*gäbe,* wäre, könnte). Die logischen Verknüpfungen, die sowohl Bedeutungen über Satzgrenzen hinweg als damit auch Textkohärenz herstellen, werden auf unterschiedliche Weise geschaffen: durch Konjunktionen (*aber, denn, weil*), durch Adverbien (*deshalb, also*) sowie durch hinweisende Wörter (*das ist …, … dieser Gase, … diese Gase*). Auch die Verwendung eines Relativsatzes (*die Wärme, die …*) ist Ausdruck der konzeptionellen Schriftlichkeit des Textes.

Neben diesen zahlreichen bildungssprachlichen Merkmalen[15] zeigt Text 4 eine spezifische Konstellation der Kontextvariablen. Denn hinsichtlich des *tenor* und des *mode* wird deutlich, dass die Verfasserinnen ältere Grundschulkinder in erklärender Weise ‚an-sprechen' wollen. Fachwörter werden explizit erklärt (*…, die man Atmosphäre nennt. Das ist so ähnlich wie … Deshalb nennt man … Wir leben also …*) und teilweise hat die ‚Erwartung' an den Text, dass er für diese Altersgruppe verständlich erklären soll, zur Wahl kurzer Sätze geführt. In den längeren Sätzen, die inhaltlich komplexer sind, weil sie mehrere Handlungsprozesse verknüpfen (*Manche dieser Gase …* und *Ohne die Atmosphäre …*), werden mit *aber* und *weil* koordinierende und alltagssprachlich gebräuliche Konjunktionen gewählt.

Text 5 schließlich stammt aus einem Chemiebuch der Klasse 7. Der Text wurde hier dennoch aufgenommen, um zu illustrieren, wie die aus Sicht der SFL beschriebenen Prozesse der Auswahl lexiogrammatischer Mittel unter Bedingungen zunehmend komplexerer Unterrichtsinhalte fortgesetzt werden und mit welchen Anforderungen Schüler im Laufe ihrer Schulzeit entsprechend konfron-

15 Siehe für eine ausführliche Übersicht und Darstellung bildungssprachlicher Merkmale Riebling 2013: 132 ff. sowie für eine Übersicht bezüglich fachlicher Texte Rösch 2003a: 32 f.

tiert sind.[16] Text 5 weist eine noch größere Informationsdichte und einen höheren Abstraktionsgrad auf. Dies wird entscheidend durch Nominalisierungen erreicht (*Zusammensetzung, Wärmestrahlung, Anstieg, Verbrennung, Erderwärmung*). Das Phänomen der Nominalisierung kann nicht nur verdeutlichen, wie eng fachliches und sprachliches Lernens verknüpft sind, sondern auch, wie die aus dieser Verbindung resultierenden Anforderungen im Laufe der Schulzeit steigen.

Die funktionale Perspektive der SFL auf Sprache basiert auf der Annahme, dass die Bedeutungsherstellung durch Sprache im menschlichen Erfahrungsraum historisch zur Entstehung grammatischer Grundformen führte, mit denen Erfahrungen in einer bestimmten Weise interpretiert werden. So wird in der Alltagssprache ein *Geschehen* mit Verben/Prädikaten versprachlicht und *Ganzheiten und Dinge* werden mit Nomen bzw. im Satz mit Substantivgruppen benannt; *Eigenschaften* werden mit Adjektiven und Satzverknüpfungen mit Konjunktionen ausgedrückt (vgl. Riebling 2013: 140). Diesen Sprachgebrauch lernt das Kind beim Spracherwerb in alltäglichen Situationen; er kennzeichnet die Sprache des Alltags und auf diese Weise wird das Alltagswissen versprachlicht. Wenn Sprache soziale Kontexte realisiert und die Sprecher Bedeutungen durch die Auswahl *lexiogrammatischer* Mittel herstellen, ist ein Zusammenhang beschrieben, der für die Verbindung fachlichen und sprachlichen Lernens grundlegend ist: Erstens ergeben sich die Bedeutungen aus dem Erfahrungsraum und haben sich gewissermaßen in das lexiogrammatische Repertoire eingelagert. Zweitens wird mit dem Begriff ‚lexiogrammatischer' Mittel ausgedrückt, dass Wortschatz und Grammatik als ein Kontinuum sprachlicher Ressourcen zu verstehen sind, bei dem der Wortschatz die feinstabgestimmte und die Grammatik die allgemeinste Auswahl darstellt (vgl. Thompson 2014: 29).

Vor diesem Hintergrund zeichnet M.A.K. Halliday (2006) mit dem Konzept der ‚grammatischen Metapher' Veränderungen nach, die sprachhistorisch durch Veränderungen im menschlichen Erfahrungsraum zustandekamen und gleichzeitig die Versprachlichung jener Veränderungen ermöglichten. Wie eine Metapher die Bedeutung eines Wortes und seine Form entkoppelt, neu verknüpft und in eine neue Bedeutung überträgt[17], so vollzieht sich bei der grammatischen Metapher ein ähnlicher Prozess auf der Ebene der grammatischen Kategorien. Es wird davon ausgegangen, dass mit Beginn technischer und naturwissenschaftlicher Diskursformen ein solcher Prozess der Nominalisierung begann oder zumindest ein relevantes Ausmaß erreichte (Halliday 2006: xvi). Ein Beispiel für eine Nominalisierung, die sich sowohl in Text 4 als auch Text 5 findet, ist *Wärme*. Das Adjektiv *warm* als ursprüngliche grammatische Grundform einer ‚Eigen-

16 In der Schule eingesetzte fachliche Texte entsprechen nicht jenen, die von Fachwissenschaftlerinnen verwandt werden, sondern es handelt sich bei ihnen um Rekontexualisierungen wissenschaftlichen Wissens in Formen, die (schul-)fachliches Lernen ermöglichen sollen. Es würde über die in dieser Handreichung interessierende Frage des bildungssprachfördерlichen Sachunterrichts hinausgehen, zu diskutieren, ob die sprachlichen Rekontextualisierungen in dieser Form immer erforderlich sind und wo Modifikationen erfolgen können. Siehe zur Sprache in Schulbüchern Egger/Schmölzer-Eibinger 2012.

17 Halliday veranschaulicht dies am Beispiel des ‚eisernen Willens'. Wenn ein ‚starrer Wille' als ein ‚eiserner Wille' neu formuliert wird, stellt die neu geschaffene Bedeutung eine Verbindung dar zwischen den übereinstimmenden Bedeutungen beider Wörter, ‚was nicht von der Gerade abgebracht werden kann' und ‚hergestellt aus einem starren Metall'. Die vergleichende Form ‚ein Wille wie Eisen' dient als Verbindungsstück zwischen der kongruenten und der metaphorischen Bedeutung. Ein solches Beispiel, das seit langem in der Sprache gängig ist, kann den grundsätzlichen Prozess der Metapherbildung illustrieren (vgl. 2006: xvi).

schaft‘ wird in eine ‚Ganzheit‘ und deren Grundform eines Nomens überführt. Das neue Wort *Wärme* bringt dabei eine komplexe Bedeutung zum Ausdruck, die eine Kreuzung zwischen der Eigenschaft *warm* und der Bedeutung der grammatischen Kategorie Nomen als ‚Ganzheit‘ oder ‚Ding‘ darstellt. *Zusammensetzung* ist ein anderes Beispiel aus Text 5, bei dem ein Verb als die grammatische Grundform, mit der ein Geschehen oder Prozess ausgedrückt wird, in ein Nomen verwandelt wird. Auch hierbei kommt es zu einer komplexen Bedeutung, die einen Prozess mit der grammatischen Kategorie des Nomens verbindet.[18]

> „Das Potenzial der Metapher (…) leistet einen wesentlichen Beitrag zur insgesamt vorhandenen Macht von Sprache. Doch ist es insbesondere die grammatische Metapher, die aufgrund der Breite und Allgemeingültigkeit ihrer Anwendung die bedeutendste Wirkung hat. Die grammatische Metapher schafft virtuelle Phänomene – virtuelle Ganzheiten, virtuelle Prozesse –, die nur auf der semiotischen Ebene existieren; dies macht sie zu äußerst wirkungsvollen abstrakten Werkzeugen, mit denen gedacht werden kann. Somit steigert die grammatische Metapher die Macht, die eine Sprache hat um *Theorien zu bilden*“ (Halliday 2006: xvii, Hervorh. im Orig.).

Der Nominalisierung kommt dabei eine zentrale Bedeutung zu, weil die damit einhergehende Neuinterpretation eines Geschehens als ‚Ganzheit/Ding‘ für naturwissenschaftliche Erkenntnisprozesse wichtige Tätigkeiten wie Messen, Verallgemeinern und Klassifizieren ermöglicht. Die neuen abstrakten Begriffe bzw. Konzepte können auf der fachlichen Ebene zum Ausgangspunkt weiterer Theoriebildung werden (vgl. ebd.: 15). Die Lernenden müssen diese Neuordnung des Erfahrungsraums mit dem Übergang vom alltäglichem zum fachlichen Wissen nachvollziehen und durch dieses fachliche Lernen hindurch beim Erwerb bildungssprachlicher Kompetenzen ihre bisherigen umgangssprachlichen Ressourcen um Varianten ergänzen, die eine Reorganisation jener Ressourcen erfordern. Die Herausforderung der Schulbuchtexte zeigt sich, wenn man sich vor diesem Hintergrund den *fortlaufenden* Charakter des Zusammenhangs zwischen fachlichem und inhaltlichem Lernen vergegenwärtigt. So steigt der Abstraktionsgrad zwischen Text 4 und Text 5 nicht nur aufgrund der Zunahme der als bildungssprachliche Merkmale identifizierten Aspekte, sondern gerade durch ihre Kombination. Beispiele aus Text 5 können dies illustrieren: In *Besonders die Zusammensetzung der Luft (…), die Anwesenheit von Wasser und die durchschnittliche Temperatur auf der Erde von +15 °C ermöglichen dieses Leben* ist der ‚Akteur‘ nicht nur eine ‚Nicht-Person‘, sondern der Agens geht auf die Nominalisierung *Zusammensetzung*, den abstrakten Begriff *Anwesenheit* und die mathematischen und physikalischen Fachbegriffe *durchschnittliche* und *Temperatur* über. Zugleich besteht die ‚Handlung‘ dieser ‚Akteure‘ in einem relationalen Prozess (*ermöglichen*).[19] So wird die alltagssprachlich übliche Herstellung logischer Verbindungen zwischen Sätzen mithilfe von Konjunktionen in den Satz hineinverlagert und durch ein Verb realisiert (vgl. Schleppegrell 2004: 57 f.). Auf

18 Siehe für eine ausführliche Darstellung der grammatischen Metapher Halliday 2006, Teil 1 und Riebling 2013: 139 ff.

19 In Beschreibungen der SFL werden verschiedene Arten von Prozessen beschrieben: gegenständliche Prozesse (Handlungsprozesse); Prozesse des bewussten Verhaltens; Prozesse des Bewusstseins (z. B. Ich *denke*, der Lehrer *weiß* …); Prozesse des Sagens; relationale Prozesse, bei denen Beschreibungen und Identifikationen konstruiert werden sowie Prozesse, mit denen neue ‚Akteure‘ eingeführt werden (vgl. Schleppegrell 2004: 52 ff.).

diese Weise steigt die inhaltliche Komplexität eines Satzes auch dann, wenn die Satzstruktur selbst – wie in diesem Beispiel – einfach bleibt.

Etwa 70% [der Sonnenstrahlung] werden von der Erdoberfläche absorbiert und in Wärmestrahlung umgewandelt zeigt eine weitere Kombination bildungssprachlicher Merkmale. Das Passiv tritt hier im Zusammenhang mit mathematischen und geometrischen Fachbegriffen und Fachbegriffen, die unter Verwendung grammatischer Metaphern gebildet werden, auf.

Auch in *Der gestiegene Bedarf an Treibstoffen und an elektrischer Energie führt also zu einem Anstieg des Treibhausgases Kohlenstoffdioxid in der Luft* tritt ein Abstraktum (*Bedarf*) in die Rolle des Agens und die Partizipialkonstruktion (*gestiegene*) realisiert gleichzeitig eine inhaltliche Verdichtung. Der im Verb (*führt zu*) benannte Prozess ist ebenfalls ein relationaler, der eine logische Verknüpfung ausdrückt, die umgangssprachlich eher mit einer Konjunktion umgesetzt worden wäre („Der Bedarf … steigt. Deshalb ist mehr Kohlenstoffdioxid in der Luft."). In *Die damit verbundene verstärkte Erderwärmung ist somit vor allem von uns Menschen verursacht* zeigen sich ähnliche Phänomene: Das über eine Nominalisierung gebildete Abstraktum *Erderwärmung* wird um zwei Partizipialkonstruktionen ergänzt (*verbundene, verstärkte*) und die für bildungssprachliche Texte charakteristische Veränderung der logischen Verknüpfungen erhöht die inhaltliche und sprachliche Komplexität auch hier. Eine Verknüpfung hat sich in das erste Partizip verlagert (*verbundene*), andere Verknüpfungen greifen über Satzgrenzen hinweg (*damit, somit*). Obwohl die Konstellation von *field, tenor* und *mode* hinsichtlich der Kontextunabhängigkeit eine insgesamt ähnliche Ausgangslage für die Texte 4 und 5 ergibt, unterscheiden sich die beiden Texte hinsichtlich ihrer Komplexität. Wie in den Texten 1 bis 3 ist diese Zunahme der Komplexität gleichzeitig eine inhaltliche und eine sprachliche, die nicht unabhängig voneinander zu denken sind. Sie zeigt, dass die Bewegung auf dem sprachlichen *mode continuum* zwischen konzeptioneller Mündlichkeit und konzeptioneller Schriftlichkeit nur in enger Verbindung mit der pädagogisch-didaktischen ‚Bewegung' der Überführung von Vorerfahrungen in Fachwissen zu thematisieren ist.

In der folgenden Grafik haben wir versucht, die Beziehungen von Sprache, sozialem Kontext und Unterricht in Anknüpfung an EUCIM-TE (Bainski u. a. 2013: 16) und die Aspekte des Planungsrahmens, wie er von Tanja Tajmel adaptiert wurde (2009: 151), zusammenzuführen.[20]

Abb. 1: Zusammenhang von Sprache, Kontext und Unterricht (adaptiert nach Bainski u. a. 2013: 16 und Tajmel 2009: 151)

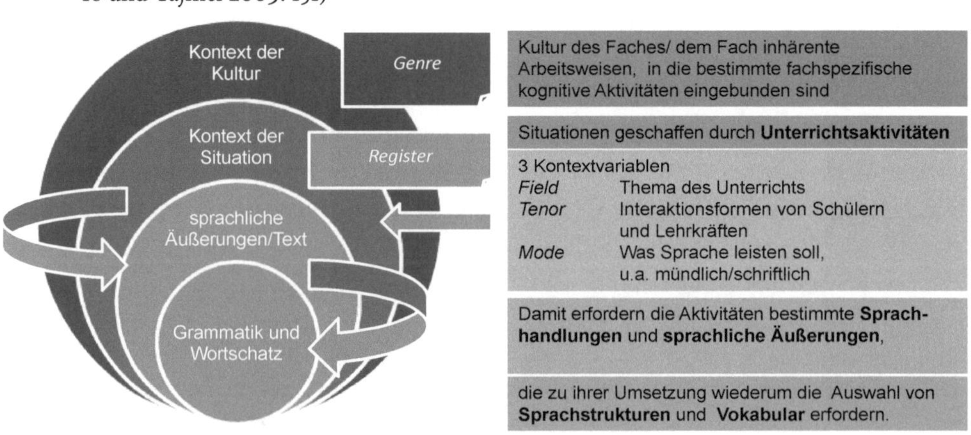

20 Siehe auch Gibbons 1993: 18 ff.; Somani/Mobbs 1997 und Martin/Rose 2008: 9 ff.

Das systemisch-funktionale Sprachmodell kann in zwei Dimensionen auf die Bildungssprache bezogen werden kann. Auf einer Makro-Ebene wird ‚Bildungssprache' als das im Kontext der Bildungseinrichtungen funktional entstandene Register beschrieben, „mit dessen Hilfe man sich mit den Mitteln der *Schulbildung* ein Orientierungswissen verschaffen kann" (Gogolin u.a. 2011a: 15 f., Hervorh. im Orig.). Auf der Ebene des Unterrichts ist zu fragen, wie durch Unterrichtsaktivitäten *Situationen* zu gestalten sind, in denen es für die Schülerinnen plausibel wird, sie die Möglichkeit erhalten und sie sich ermutigt fühlen, bei ihren Äußerungen bildungssprachliche Elemente zu verwenden – aus der Perspektive der SFL: Situationen, in denen die Schülerinnen und Schüler entsprechende sprachliche Mittel auswählen, um die inhaltlich erforderlichen Bedeutungen herzustellen (vgl. z.B. Gibbons 2006a).

Ein weiterer für einen bildungssprachförderlichen Unterricht wichtiger Referenzpunkt der SFL ist die Unterscheidung zwischen *Register* und *Genre*. Handelt es sich bei sprachlichen Registern um Variationen des *Situationskontexts*, so sind Genres Variationen hinsichtlich des *Kontexts der Kultur*. Mit dieser übergeordneten Unterscheidung wird es möglich abzubilden, dass Genre und Register unabhängig voneinander variieren können (vgl. Martin/Rose 2008: 16). Wenn im Unterricht beispielsweise das Genre der Versuchsbeschreibung eingesetzt oder vermittelt werden soll, so ist zu entscheiden, welche Konstellation der Kontextvariablen *field*, *tenor* und *mode* am besten geeignet ist, um die Schüler an diese Textsorte heranzuführen. Dabei ist zu berücksichtigen, dass verschiedene Themen und Interaktionsformen – und damit verbunden unterschiedliche Positionen auf dem *mode continuuum* – zu im Hinblick auf bildungssprachliche Aspekte unterschiedlichen sprachlichen Äußerungen führen können, wie dies mit den Texten 1 bis 3 illustriert wurde. Dies ist bei der Planung als Bedingung von Unterricht und auch als Möglichkeit zur Differenzierung in den Blick zu nehmen.

Aus sprachtheoretischer Sicht sind Genreformen in größere soziale, institutionelle und kulturelle Zusammenhänge eingebunden (vgl. Martin/Rose 2008: 16 ff.). Sie dienen bestimmten sozialen Zwecken und ermöglichen eine Teilnahme an und das Verständnis von solchen Kontexten (vgl. Schleppegrell 2004: 83).[21] „Da Schule eine Kultur mit ihren eigenen Erwartungen im Hinblick auf bestimmte Arten des Sprachgebrauchs ist, müssen Schülerinnen diese Genres der Schule und die Absichten, denen sie dienen, lernen" (ebd.). Genres sind dabei als unterschiedliche Textsorten, die auf der einen Seite schulfachspezifisch sind, auf der anderen Seite jedoch auch fachübergreifende Merkmale aufweisen, zu sehen.[22] So unterscheiden sich beispielsweise erklärende Texte in den Fächern Erdkunde, Chemie und Geschichte voneinander. „Genres reagieren auf die kulturellen Kontexte, in denen sie ihre Zwecke erreichen, sodass ihre Umsetzungen variieren und sich entwickeln, wenn sie auf neue Weise in unterschiedlichen Zusammenhängen entstehen" (ebd.). Im Hinblick auf den im rechten Teil des Schemas (Abb. 1) skizzierten Bereich des Unterrichts und als Heranführung an

---

21 Es ginge weit über den Rahmen dieser Handreichung hinaus, die hier angedeuteten gesellschaftstheoretischen Begründungszusammenhänge des Genrebegriffs und der Genre-Pädagogik wie sie im Rahmen der ‚Sydney School' herausgearbeitet wurden, aber auch die Reichweite des Genrebegriffs in seiner Mehrdimensionalität darzustellen (siehe hierzu Hallet 2013 sowie Martin/Rose 2008 und Rose/Martin 2012).

22 Zum Beispiel können folgende Genres unterschieden werden: personenbezogene Genres – Erzählen, Geschichte; sachbezogene Genres – Vorgänge (z.B. Wegbeschreibungen oder Gebrauchsanleitungen), Sachbeschreibung; analysebezogene Genres – Bericht, Erklärung, Erörterung/Argumentation (vgl. Schleppegrell 2004: 85).

den Aufbau des Planungsrahmens (siehe Abschnitt 3) verstehen wir aus diesem Grunde den ‚Kontext der Kultur', in den eine sprachliche Äußerung eingelassen ist, als die Kultur des Faches inklusive der für das Fach charakteristischen Arbeits- und Erkenntnisweisen.

Die Perspektive der SFL, aus der nach dem sozialen Kontext zu fragen ist, in dem eine sprachliche Äußerung zustande kommt, und aus der zugleich der Fokus auf das Herstellen von Bedeutungen gerichtet wird, eröffnet gute Anschlussstellen für Pädagoginnen und Pädagogen, die in ihrem Unterricht sprachliches und inhaltliches Lernen zusammenführen möchten und dabei die Aufmerksamkeit gleichermaßen auf die sprachlichen Prozesse und die inhaltlichen Bedeutungen richten müssen. Die prozessuale Orientierung der systemisch-funktionalen Linguistik tritt zugleich einer Auffassung entgegen, die Sprache gewissermaßen zu einem ‚Ding' werden lässt, das Menschen oder als homogen vorgestellte Gruppen von Menschen ‚besitzen' oder ‚nicht besitzen'. Eine solche Auffassung liegt aber häufig den gesamtgesellschaftlich weit verbreiteten Diskussionsfiguren zugrunde, mit denen eine Defizitperspektive auf bestimmte – sprachlich unterscheidbare – gesellschaftliche Gruppen entworfen wird, während gleichzeitig Grenzen zwischen Gruppen gezogen werden. Jenny Hammond und Pauline Gibbons, die mit der SFL im Kontext australischer Schulen gearbeitet haben, kommen zu dem Schluss, dass eine Auffassung von Sprache-im-Kontext jene Defizitperspektive, mit denen zwei- und mehrsprachig aufwachsende Kinder und Jugendliche häufig konfrontiert sind, infrage stellt. Denn die Entwicklung in einer Sprache zeigt sich hier als ein Prozess, bei dem eine wachsende Zahl von Registern und Genres beherrscht wird, „statt Entwicklung in den relativen Begriffen von ‚mehr' oder ‚weniger' Sprache zu verstehen" (2005: 10). Aus Sicht der Lehrerinnen kann die Übernahme für die Verantwortung sprachlicher Lernprozesse im Fachunterricht also auch als Möglichkeit verstanden werden, nicht nur mehr Bildungserfolg für ihre Schüler zu erreichen, sondern auch auf der Ebene der sozial wirksamen Bilder und Stereotypen gesellschaftlichen Ausgrenzungsprozessen entgegenzutreten.

2.2 Sprachbildung im Sachunterricht

In einem zweiten Schritt möchten wir die Arbeit mit dem Planungsrahmen näher verorten, indem wir nach sachunterrichtsspezifischen Perspektiven auf die Verbindung fachlichen und sprachlichen Lernens fragen. Dies soll anhand des sachunterrichtlichen Leitbildes der Umwelterschließung und der Frage der Verbindung sprachlicher und kognitiver Aktivitäten im Sachunterricht geschehen. Anschließend sind sich hieraus ergebende Eckpunkte für einen Sachunterricht zu skizzieren, der zu einem Lernort für Sprachbildung werden soll. Sachunterricht ist ein ‚vielseitiges Fach', das in den Bundesländern nicht nur unterschiedliche Bezeichnungen trägt, sondern bei dem die Aufteilung seiner Inhalte auch unterschiedlichen Systematiken folgt und das insgesamt durch verschiedene konzeptionelle Perspektiven, Entwürfe und Lehrpläne gekennzeichnet ist (vgl. Kahlert 2009: 15 ff.). Angesichts dieser Vielfalt und der damit auch einhergehenden Vielzahl an Unterrichtsformen erscheint es sinnvoll, den sprachlichen Lernort ‚Sachunterricht' in Beziehung zu setzen zu übergeordneten Gesichtspunkten des Faches.

Ausgehend vom zentralen Leitbild der ‚Umwelterschließung' unterscheidet Joachim Kahlert (ebd. 25 ff.) vier Ansprüche an den Sachunterricht, in denen – so möchten wir an diese anknüpfend argumentieren – der Sprache eine wichtige Rolle zukommt:

Über Bestehendes aufklären – Verstehen unterstützen: Damit die Zurückführung von „neuen, unbekannten, irritierenden Wahrnehmungen und Erfahrungen auf Bekanntes, Vertrautes, Gesichertes" (ebd. 25) gelingt, bedarf es seitens der Schülerinnen der Fähigkeiten, ihre Alltagserfahrungen zu kommunizieren und seitens der Lehrkräfte der didaktischen Kompetenz, auch im Hinblick auf Sprache Vermittlungsprozesse zwischen diesen beiden Erfahrungsebenen zu ermöglichen und zu gestalten.

Für Neues öffnen – Interessen entwickeln: Diese „zeigende, hinweisende, herantragende Funktion" (ebd.: 26) des Sachunterrichs beinhaltet immer auch in sprachlicher Hinsicht Aspekte, die im außerschulischen Alltag nicht in den Wahrnehmungsbereich der Kinder gelangen.

Sinnvolle Zugangsweisen zu Wissen und Können aufbauen – Sachlichkeit fördern: „Das Kind soll zunehmend in die Lage versetzt werden, ohne fremde Anleitung und Hilfe Wissen zu erwerben" (ebd.). Auch wenn die zuweilen recht pauschal vorgebrachte Forderung, Schüler sollten ab der Sekundarstufe I in der Lage sein, selbstständig mit Texten zu lernen, häufig die relative Beliebigkeit der in Deutschland vorhandenen Grenze zwischen Primar- und Sekundarbereich und auch den Konstruktionscharakter der in der Schule verwandten Texte verdeckt, so gehört doch der Umgang mit den entsprechenden sprachlichen Registern zu den zentralen Arbeitsweisen, die Schule vermitteln muss.

Auch das vierte Qualitätskriterium *Zum Handeln und Lernen ermutigen – Kompetenzerfahrung ermöglichen* ist in grundlegender Weise mit Sprache in Verbindung zu setzen. Dabei wird die Umwelt des Einzelnen nicht nur als etwas Vorgegebenes verstanden, das die Kinder sich durch eine Auswahl von Angeboten und Anforderungen erschließen, sondern dieser Aspekt beinhaltet auch, dass „die Umwelt nach Maßgabe eigener Ziele, Vorstellungen und Fähigkeiten mit [zu] gestalten" (Kahlert 2009: 26) ist. „Hinzukommen sollte die ermutigende Erfahrung, dass Lernen im Sachunterricht tatsächlich dabei hilft, eigene Absichten umzusetzen und attraktive Ziele zu erreichen" (ebd.). Darüber hinaus unterstützten solche Erfahrungen von Kompetenz die Schaffung von motivationalen Grundlagen für schulisches Lernen insgesamt.

Die hier als Anforderungen an den Sachunterricht formulierten Kriterien verweisen in ihrer grundsätzlichen Perspektive auf den Zusammenhang von *Sprache und Handlungsfähigkeit*. Obwohl dieser Zusammenhang allgemein und auch für die (Grund-)Schule allgemein gilt, lässt sich sagen, dass im Sachunterricht die Frage der Verbindung von fachlichem und sprachlichem Lernen aufgrund der umwelterschließenden Orientierung des Faches eine spezifische Akzentuierung erhält. Denn ein auf die Umwelterschließung ausgerichteter Sachunterricht muss die Handlungsfähigkeit, die das einzelne Kind durch die Aneignung einer Sprache erlangt, in ihrer doppelten sozialen Perspektive berücksichtigen: Zum einen erwirbt das einzelne Kind das Vermögen, sich mitzuteilen, und macht dabei die Erfahrung, in den sozialen Verhältnissen der Umwelt anerkannt zu werden. Zum anderen ist Sprache sozial in dem Sinne, dass sie dem/der Einzelnen vorgängig ist. Das Erlernen von Wörtern ist stets auch ein sich zunehmend ausdifferenzierendes Erlernen von Bedeutungen und Deutungsmustern und dabei wird zugleich individuelle und soziale Handlungsfähigkeit erlangt (vgl. Mecheril/Quehl 2006b: 356 ff.). Sowohl im Hinblick auf die Auseinandersetzung mit der vorgegebenen

Umwelt als auch hinsichtlich der fortlaufenden Erweiterung der Sprache sind solche Aneignungsprozesse nicht als ein Kopiervorgang zu verstehen. Vielmehr wird – in den bereits zitierten Worten von Joachim Kahlert – „die Umwelt nach Maßgabe eigener Ziele, Vorstellungen und Fähigkeiten" (2009: 26) mitgestaltet ebenso wie Sprache nicht einfach kopiert, sondern in einer aktiven Aneignung und zuweilen auch Umgestaltung des Vorgegebenen reproduziert wird. Dabei vergemeinschaftet Sprache, indem sie bei der Umwelterschließung eine Orientierung durch die Einbindung des Einzelnen in Vergangenheit, Gegenwart und Zukunft eines gemeinschaftlichen Kontextes schafft. Zugleich subjektiviert sie, weil jedes einzelne Kind auch seine Stimme finden muss, die es für sich selbst und für die anderen identifizierbar macht.

Aus diesem Grunde ist sprachliche Handlungsfähigkeit stets mit Partizipations- *und* Anerkennungserfahrungen verbunden. Aus der Sicht der systemisch-funktionalen Linguistik sind die Kontexte, in denen bestimmte sprachliche Mittel erforderlich sind, zugleich die Kontexte, an denen der/die Einzelne teilnehmen muss um eben jene Ressourcen zu erwerben. Handlungsbefähigung durch Sprache und Partizipation hat dabei könnens- *und* anerkennungsbezogene Aspekte. Diese richten sich darauf, dass das Kind zum einen erfährt, dass es im jeweiligen Kontext handelnd und sprachlich handelnd wirksam ist, und dass es zum anderen – und als Vorraussetzung dafür – die Erfahrung macht, sich mit seinen je aktuellen sprachlichen Fähigkeiten in dem Kontext aufhalten und mit-sprechen zu dürfen. Wenn, wie eingangs angesprochen, die Kinder nun in der Schule auf sprachliche Verhältnisse treffen, die denen, die sie aus ihrem familiären Kontext gewohnt sind, nicht oder nur teilweise entsprechen, so sind positive Erfahrungen der Kinder hinsichtlich der Wirksamkeit und der Anerkennung ihres Sprechens nicht garantiert.

Gerade weil sich der Sachunterricht oft inhaltlich auf die außerschulischen Erfahrungen der Kinder bezieht, ist es bedeutsam, in welcher Beziehung seine ‚sprachlichen Verhältnisse' zu jenen stehen, in denen solche Erfahrungen gemacht wurden. Ein für den Sachunterricht spezifischer Aspekt der Verbindung sprachlichen und fachlichen Lernens besteht daher nicht nur in der Bedeutung, die ihr hinsichtlich der wissensbezogenen Prozesse zukommt, sondern ist stets auch in Prozesse der Anerkennung und Partizipation eingebunden. Denn wie ein Kind mit-sprechen kann, wie es seine eigenen Äußerungen als handlungswirksam in der Gruppe der Klasse erlebt, ob es also erfährt, dass seine Stimme zum Unterrichtsgespräch beitragen kann oder ob es sich am Rand des Gesprächs oder ganz ausgeschlossen fühlt, hat Auswirkungen auf sein Lernen und die eigene Identität als Lernende bzw. Lernender. Diesen Zusammenhang hervorzuheben, erscheint uns aus mindestens drei Gründen sehr wichtig: Erstens verstehen wir ihn als einen Hinweis darauf, dass ‚technische Verkürzungen' bei der Diskussion um Sprachbildung im Sachunterricht zu vermeiden sind und ein dem Selbstverständnis und Bildungsauftrag der Grundschule entsprechender Blick auf die gesamte Persönlichkeit(-sentwicklung) der Kinder leitend sein sollte. Die möglicherweise ‚mechanistisch' klingende Bezeichnung ‚Planungsrahmen' darf eine solche Perspektive nicht verstellen; vielmehr soll die Arbeit mit dem Rahmen entsprechende Bemühungen im Sachunterricht unterstützen. Zweitens wird deutlich, dass Kinder, die sich in unterschiedlichen Phasen ihres Hineinwachsens in die Zwei- bzw. Mehrsprachigkeit befinden, in einer monolingual geprägten Schule Erfahrungen machen, welche ihren bisherigen Erfahrungen, in ihrer sozialen Umgebung mitsprechen zu können und mit ihren sprachlichen Fähigkeiten in der Regel fraglos anerkannt zu sein, entgegenstehen und ihre Handlungsfähigkeit einschränken können. Damit ist die Notwendigkeit angesprochen, verstärkt nach Wegen des Einbezugs der lebensweltlichen Mehrsprachigkeit der Schülerinnen und Schüler zu suchen. Zugleich zeigt sich, dass – drittens – Aspekte von Partizipation und Anerkennung bei der Unterrichtsplanung eines Sachunterrichts im Sinne der Umwelterschließung mit zu bedenken und im Unterrichtsgeschehen für die Kinder erfahrbar zu machen sind.

Prägnant wurde von der ‚doppelten Anschlussaufgabe' des Sachunterrichts und der Notwendigkeit gesprochen, ‚das Spannungsfeld' zwischen den Erfahrungen der Kinder *und* den inhaltlichen und methodischen Angeboten der Fachwissenschaften gleichgewichtig zu berücksichtigen (vgl. GDSU 2013: 10).

> „Die – in der Familie, in Kindertagesstätten und anderswo erworbenen – Erfahrungen, Fähigkeiten und (Er-)Kenntnisse der Kinder bilden Ausgangspunkte des sachunterrichtlichen Lernens. Gleichermaßen sind die im Sachunterricht der Primarstufe erworbenen Kenntnisse, Konzepte und Kompetenzen der Ausgangspunkt für das weiterführende Lernen. Der Sachunterricht legt die Grundlagen für den Fachunterricht an weiterführenden Schulen. Daraus resultiert eine *doppelte Anschlussaufgabe*: Der Sachunterricht muss einerseits anschlussfähig sein *an die Lernvoraussetzungen*, an die vor- und außerschulisch erlangten Wissensbestände und Kompetenzen sowie an die Fragen, Interessen und Lernbedürfnisse der Schülerinnen und Schüler. Andererseits muss er Anschluss suchen *an das in Fachkulturen erarbeitete, gepflegte und weiter zu entwickelnde Wissen*" (ebd.: 9/10, Hervorh. im Orig.).

In einem Schaubild (Abb. 2) setzen wir die hier beschriebene Bedingung des Sachunterrichts in Beziehung zu den damit einhergehenden Veränderungen der sprachlichen Formen, die im Unterricht verwandt werden. Dabei wird zugleich die Verbindung sprachlicher und kognitiver Aktivitäten im Sachunterricht sichtbar.

Abb. 2: Veränderungen auf dem *mode continuum* und im Übergang der Vorerfahrungen zum fachlichen Wissen

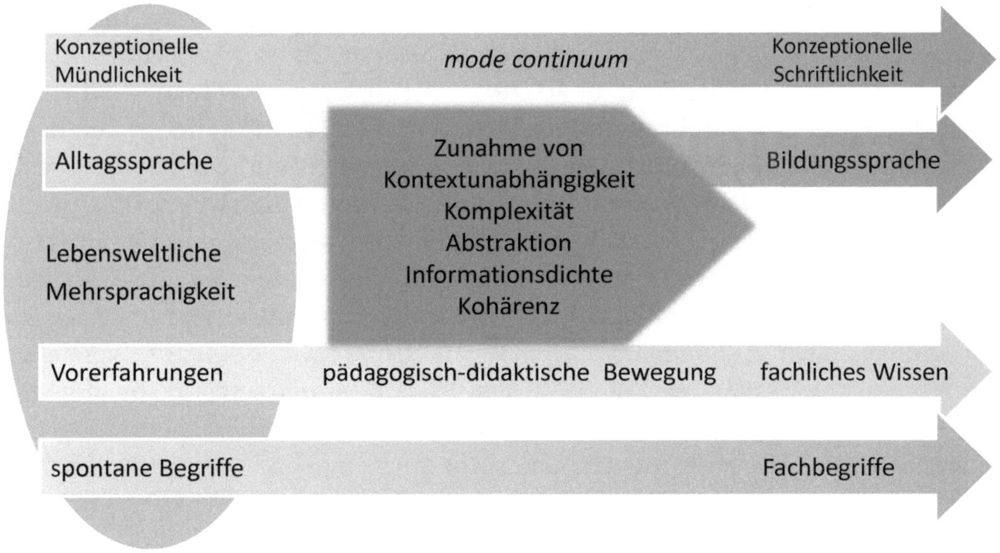

Was in der Konzeptionalisierung des Fachs als ‚Spannungsfeld' zwischen den Erfahrungen der Kinder und den inhaltlichen sowie methodischen Inhalten der Bezugswissenschaften bezeichnet wird (vgl. GDSU 2013: 10), lässt sich auch als pädagogisch und didaktisch zu gestaltende ‚Bewegung' der Überführung von Vorerfahrungen in fachliches Wissen verstehen. Die dabei erfolgende Veränderung der sprachlichen Mittel im Sachunterricht wurde bereits von Martin Wagenschein (1971) beschrieben. Sie nimmt ihren Ausgangspunkt beispielsweise in der Beschreibung entdeckter Phänomene in der Alltagssprache – eher als ein Sprechen von Gedanken und weniger als ein bewusstes Formulieren; als ‚Ausdruck des Suchens'. „Das stockende – und dann auch wieder sich überstürzende – Sprechen ist das dem Denken gemäße" (Wagenschein 1971: 130/131, zit. in Soostmeyer 2002: 24). Im Anschluss daran werden Experimente oder Einsichten so „differenziert wie möglich und so exakt wie nötig" (Thiel 1972, zit. in ebd.) beschrieben, bevor schließlich in einer dritten Phase die Fachsprache hinzukommt, die aus freien Stücken erworben werden soll und mit der die Ergebnisse der vorherigen Phase formaler und präziser formuliert werden. Zugleich erfolgt die sprachlich-fachliche Bewegung aber jeweils nicht nur in einer – in dieser Grafik durch die Pfeilrichtung angegebenen Richtung –, sondern es sind auch ‚Rückübersetzungen' zum Konkreten einzubeziehen (vgl. Soostmeyer 2002: 24).

Der kanadische Bilingualismusforscher Jim Cummins (2008) verwies in seiner konzeptionellen Unterscheidung zwischen *basic interpersonal communicative skills* (BICS) und *cognitive academic language proficiency* (CALP), mit der er ab Ende der 1970er-Jahre hinsichtlich der Bildungssituation zweisprachiger Schüler_innen den Vorstellungen eindimensionaler, einheitlicher Sprachfertigkeiten entgegentrat, auf Anschlussstellen bei Lev Vygotskij und Jerome Bruner. Nach Vygotskij unterscheiden

> „sich wissenschaftliche Begriffe, die sich im Unterrichtsprozess herausbilden, von spontanen Begriffen durch eine andere Beziehung zur Erfahrung des Kindes, eine andere Beziehung zum Gegenstand der Begriffe und durch andere Wege (…), die sie vom Augenblick ihrer Entstehung bis zu ihrer endgültigen Vollendung durchlaufen" (2002: 270).

Während spontane Begriffe, die in der Auseinandersetzung des Kindes mit seinen Alltagserfahrungen entstehen, eng mit dem jeweiligen Kontext verbunden sind, erfolgt die Vermittlung wissenschaftlicher Begriffe im Rahmen strukturierter und eben zum Aufbau dieser Begriffe gestalteter Aktivitäten im Unterricht. Wissenschaftliche Begriffe unterliegen einer Systematik und logischen Organisation und es ist diese Struktur, die dazu geführt hat, sie als ‚wissenschaftlich' zu bezeichnen. Bei der Beschreibung der Textbeispiele 3 bis 5 (Seite 19) zeigte der Begriff *Strahlen*, wie ein Wort den spontanen Begriffen und der Alltagssprache zuzurechnen ist, im Prozess schulischen Lernens aber in einen wissenschaftlichen Begriff überführt wird. Diesem liegt eine fachliche Systematik und Organisation zugrunde und um sich den Begriff und das damit verbundene fachliche Konzept anzueignen, müssen die Schülerinnen verwandte sprachliche Elemente wie *zurückstrahlen* (Text 4), *Sonnenstrahlung* und *Wärmestrahlung* (Text 5) verstehen, während zu einem späteren Zeitpunkt schulischen Lernens weitere Ausdifferenzierungen des Begriffs *Strahlen* (Röntgenstrahlen, Verstrahlung etc.) erfolgen. Wissenschaftliche Begriffe müssen sich nicht unbedingt auf (natur)wissenschaftliche Zusammenhänge beziehen, sondern können auch historisches, linguistisches oder praktisches Wissen darstellen (vgl. Kozulin 1998: 48). Doch ist „ihre Organisation (…) ‚wissenschaftlich' in dem Sinne, dass sie eine formale, logische und dekontextualisierte Struktur haben" (ebd.). Eine ähnliche Unterscheidung zwischen den zur Kommunikation im Alltag und jenen in schulischen Zusammenhängen verwandten sprachlichen Kompetenzen findet sich bei Bruner:

> „… kommunikative Kompetenz beinhaltet das Erreichen (…) ‚konkreter Operationen' (…), in denen Sprache als eine Form für Ausdruck und Repräsentation der Struktur konkreter Gedanken über Dinge und Personen dient. Die Dimension, in der Sprache eine Grundlage für die Erfindung neuer Formen des Denkens bereitstellt, geht sowohl über eine angeborene sprachliche Fähigkeit als auch über eine sozial unterstützte kommunikative Kompetenz hinaus. Wir bezeichnen sie als analytische Kompetenz, die sich vor allem (…) dadurch auszeichnet, dass sie ausgedehnte Denkprozesse beinhaltet, die sich ausschließlich auf sprachliche Repräsentation und Aussagestrukturen beziehen, begleitet von Denk- und Problemlösungsstrategien, die nicht für die unmittelbare Erfahrung mit Gegenständen und Ereignissen geeignet sind, sondern für Ensembles von Aussagen" (1975: 72).

In diesem Sinne geht im Laufe der Schulzeit die Entwicklung der Sprache als eines Werkzeugs des Denkens und des Problemlösens einher mit einer zunehmenden Ablösung von einem erfahrenen, unmittelbaren Kontext. Die in der Schule verwandte Sprache erfüllt in wachsendem Maße eine analytische Kompetenz – im Sinne Bruners – und verwendet wissenschaftliche Begriffe – im Sinne Vygotskijs. Wie die Beispieltexte zuvor illustrieren sollten, sind dabei die fachlichen und sprachlichen Ebenen sehr eng miteinander verschränkt. Die Verschiebung auf dem *mode continuum* kommt zustande, wenn die sprachlichen Äußerungen bzw. Texte zunehmend mehr ‚leisten' müssen, um Bedeutungen herzustellen, die komplexer und abstrakter werden, weil sie sich dabei sowohl von einem unmittelbar geteilten Kontext entfernen als auch zu ‚Ensembles von Aussagen' verbunden werden. Die Wortbedeutungen und Begriffe entwickeln und vertiefen sich zugleich mit der Entwicklung der kognitiven Anforderungen und werden dabei in ein System bzw. Netzwerk eingebunden, das sie in semantischer und logischer Hinsicht miteinander verknüpft (vgl. Cummins 2000: 61; siehe auch Halliday 1993: 99).

Diese Verschränkung des Sprachlichen und Fachlichen erscheint gleichermaßen selbstverständlich wie sie eine didaktische Herausforderung darstellt. Denn sie wird im Unterricht mittelfristig nur dann erfolgreich realisierbar sein, wenn es gelingt, sprachliche Bedeutungen in einem ‚Gleichklang' mit den fachlichen Schritten zu vermitteln – und umgekehrt. Wenn es also aus Sicht eines bildungssprachförderlichen Unterrichts von zentraler Bedeutung ist, den Übergang von der Verwendung der Alltags- zur Bildungssprache *bewusst* zu vollziehen und dabei für die Schülerinnen und Schüler nachvollziehbar zu *begründen* (siehe z. B. Gibbons 2006a; Lengyel 2010; Gogolin u. a. 2011b)[23], so scheint es angebracht zu fragen, wie diese Übergangszone für den Sachunterricht konzeptionell gefasst werden kann. Jim Cummins führt eine Beschreibung der ‚Zone der nächsten Entwicklung'[24] – also des Bereichs, der dem Kind jeweils als Rahmen für die nächsten

---

23 Dieser Hinweis auf die Notwendigkeit einer *nachvollziehbaren, begründeten* Verwendung bildungs- und fachsprachlicher Elemente erscheint durchaus angebracht. So werden Unterrichtsausschnitte aus der Sekundarstufe II wiedergegeben, in denen Lehrkräfte die Verwendung von Fachbegriffen als *‚auf schlau'* und als *‚vornehm'* beschreiben. Ihre Benutzung wird so nicht fachlich begründet, sondern mit sozialer Distinktion in Verbindung gebracht, was in einigen Fällen auch zu Reaktionen des Widerstandes und Protests seitens der Schülerinnen und Schüler geführt habe (Harren 2011: 112).

24 Vygotskij (2002: 326 ff.) führte in seinen Arbeiten zur Begriffsentwicklung das Konzept der ‚Zone der nächsten Entwicklung' ein und beschreibt damit den Zusammenhang zwischen dem aktuellen Entwicklungsstand des Kindes und seinem durch Lehrprozesse vermittelten Lernen. Zugleich ist damit ein interaktiver Kontext beschrieben, bei dem Funktionen zuerst interpsychisch erzeugt werden, bevor sie intrapsychisch werden und damit dem Lernenden mental zur Verfügung stehen. In der Interaktion werden also neue, vom Kind selbstständig

Lernschritte angeboten werden sollte – an, die in ihren didaktischen Konsequenzen der von Wagenschein beschriebenen Abfolge der Versprachlichungsformen im Sachunterricht recht ähnlich ist: „eine Zone, in der vom Lehrer eingeführte wissenschaftliche Begriffe mit den bei den Kindern bereits vorhandenen spontanen Begriffen interagieren" (Kozulin 1998: 49). So ist es wichtig, dass Kinder im Sachunterricht die Gelegenheit erhalten, in dieser Zone zu *interagieren* – dass sie also sowohl in fachlicher als auch sprachlicher Hinsicht erfahren, dass an ihre Vorerfahrungen angeknüpft wird und dass in der Interaktion mit der Lehrkraft und auch den Mitschülerinnen und -schülern *Bedeutungen gemeinsam in einem Prozess des Aushandelns geschaffen werden.*[25]

Die Analyse einer Sachunterrichtsstunde in einer 3. Klasse (Ahrenholz 2010a) ergab, dass auch die monolingual aufwachsenen Kinder Schwierigkeiten haben, neue Begriffe in ihre Äußerungen zu integrieren und dass sie alltagssprachliche Äußerungen verwenden. Sie bringen dabei jedoch „mehr allgemeinsprachliches Wissen ein und können eher komplexere Zusammenhänge darstellen" (ebd.: 32) als die Kinder, die Deutsch als Zweit- oder Drittsprache lernen. Letzteren fiel es schwerer, sich Fachverben anzueignen und diese reflexiven Verben und Präfixverben in Sätze einzufügen sowie komplexere sprachliche Einheiten zu bilden (ebd.: 26 ff.). Daher ist entsprechend der Perspektive der systemisch-funktionalen Linguistik der von Wagenschein im Hinblick auf einsprachige Schüler skizzierte Zusammenhang zwischen Sprechen und Verstehen im Unterricht hinsichtlich zwei- und mehrsprachiger Kinder noch einmal anders zu akzentuieren.

Dabei ist es grundlegend für die Verbindung sprachlicher und kognitiver Aktivitäten im Sachunterricht, dass nach Halliday Bedeutungen nicht nur in den fachsprachlichen *Begriffen* hergestellt werden, wie es in Vygotskijs Unterscheidung zwischen ‚spontanen' und ‚wissenschaftlichen Begriffen' zum Ausdruck gebracht wird, sondern im *System der Grammatik* (vgl. Wells 1999: 28 ff.). Dies geschieht beispielsweise bei den zuvor genannten grammatischen Metaphern, der ‚Einlagerung' logischer Verknüpfungen in unterschiedliche Wortarten und durch den Umstand, dass die Verwendung fachsprachlicher Elemente wiederum eine Veränderung der sie ‚umgebenden' sprachlichen Elemente erfordert; dass fachsprachliche Begriffe also in syntaktische Strukturen eingefügt werden müssen und diese verändern. Ein Sachunterricht, der „Fragen und Deutungsmuster der Kinder [berücksichtigt] und ihnen hilft, ihre Erklärungen und Begründungen angemessen zu versprachlichen, zu präsentieren und zu kommunizieren" (GDSU 2013: 10), muss sich also nicht nur um die durch den Fachwortschatz hergestellten Bedeutungen bemühen, sondern auch um die fachlichen und sprachlichen Bedeutungen, die gleichzeitig im System der Grammatik hergestellt werden.

Im Kern versucht man bei der Arbeit mit dem Planungsrahmen zu klären, wie sich in den zentralen Unterrichtsaktivitäten kognitives/fachliches und sprachliches Handeln verbinden und in welcher Weise die Elemente der Sprachhandlungen, die für die inhaltlichen Lernprozesse erforderlich sind, bereitgestellt und die Schülerinnen bei ihrer Aneignung unterstützt werden können. Dies wird in den folgenden Kapiteln näher beschrieben. An dieser Stelle möchten wir jedoch

---

noch nicht bewältigbare, Tätigkeiten von einem kompetenteren Anderen angeregt und zusammen mit dem Kind bewältigt (vgl. Lengyel 2009: 76).

25 Siehe zur Bedeutung ko-konstruktivistischer Ansätze für die Sprachbildung und für heterogene Lerngruppen Fürstenau 2009: 68 ff.; Lengyel 2012: 148. Siehe z. B. Ewerhardy u. a. 2012 zum Stellenwert der Kommunikation und des Aushandelns von Bedeutungen im Rahmen eines ‚konstruktivistisch orientierten naturwissenschaftlichen Sachunterrichts mit strukturierenden Anteilen'.

noch kurz auf das Konzept der *Diskursfunktionen* Bezug nehmen, wie es Helmut J. Vollmer und Eike Thürmann (2010, 2013) vorgelegt haben. Es ist für eine curriculare und didaktische Planung bedeutsam, da mit den als ‚kognitiv-sprachliche Aktivitäten/Diskursfunktionen' zusammengefassten Operationen noch einmal verdeutlicht wird, wie untrennbar fachlich-kognitives und sprachliches Lernen ineinandergreifen. In ihrem Referenzrahmen für Dimensionen und Komponenten bildungssprachlicher Kompetenzen, der von einzelnen Fachdidaktiken weiter auszudifferenzieren ist, unterscheiden Vollmer/Thürmann mehrere Dimensionen, die solche Kompetenzen steuern: Zu den ersten drei Dimensionen gehören fachunterrichtliche Inhalte und Methoden, die Genres und die Modalität des Unterrichts sowie die *kognitiv-sprachlichen Funktionen*. Dabei werden

> „solche Diskursfunktionen verstanden als *integrative Einheit* von Inhalt, Denken und Sprechen, die mit Makrostrukturen des Wissens sowie mit basalen Denkoperationen und deren Versprachlichung in elementaren Texttypen in Beziehung gesetzt werden können und in denen sich dieses Wissen und Denken sozial wie sprachlich vermittelt ausdrückt" (Vollmer/Thürmann 2010: 116; Hervorh. T.Q./U.T.).

Hier wird die kognitive Funktion von Sprachhandlungen hervorgehoben, sodass ähnlich wie bei den sog. Operatoren[26] im Begriff der Diskursfunktionen „die kognitive Durchdringung der jeweiligen Aufgabenstellung bzw. eines Fachgegenstandes und gleichzeitig (…) die Versprachlichung der Ergebnisse dieser Tätigkeit" (Thürmann/Vollmer 2013: 225) ausgedrückt wird. Als Makrofunktionen werden Erfassen/Benennen, Beschreiben, Erklären, Argumentieren, Bewerten und Aushandeln benannt, die wiederum durch weitere Funktionen auf untergeordneter Ebene wie Zusammenfassen, Strukturieren, Schlussfolgern und Vergleichen zu ergänzen sind (vgl. Vollmer/Thürmann 2010: 117)[27]. Sich diese grundsätzlichen Zusammenhänge des Kognitiven und Sprachlichen im Sinne der Diskursfunktionen bei der Planung von Sachunterricht zu vergegenwärtigen, verstehen wir auch als eine Ermutigung, sich *Zeit* für die Sprachbildung im Sachunterricht zu nehmen.[28] Gerade in der Grundschule, wo der gesamte Unterricht sehr häufig von einer Lehrperson oder einem Team erteilt wird, können sich hinsichtlich der Erarbeitung von Diskursfunktionen und von Genres aber auch Synergieffekte ergeben.

---

26 Siehe z.B. Landesinstitut für Lehrerbildung und Schulentwicklung Hamburg 2012. In den Lehrplänen werden die sprachlich-kommunikativen Aspekte des fachlichen Lernes meistens in Operatoren (überwiegend in Form von Verben, die Sprachhandlungen beschreiben) formuliert. Dabei finden sich jedoch in der Regel keine Aussagen darüber, wie diese sprachlichen Prozesse anzubahnen sind und wie sie miteinander systematisch verbunden werden können (vgl. Vollmer/Thürmann 2010: 111).

27 An anderer Stelle wird diese Aufzählung um zwei weitere Makro-Diskursfunktionen erweitert: das Aushandeln von Bedeutungen und Prozessen sowie das Simulieren/Modellieren (vgl. Vollmer 2011).

28 Der Faktor Zeit ist in der Schule allgegenwärtig, wird aber in Diskussionen um (sprachliche) Lernprozesse nicht selten vernachlässigt. Doch wurde die Notwendigkeit des ‚Prinzips des exemplarischen Lehrens und Lernens' bereits im Kontext des Sachunterrichts für einsprachig aufwachsende Kinder betont (vgl. Klafki 1992/2005), bevor sie aktuell im Hinblick auf den Fachunterricht für Zweitsprachlernende erneut thematisiert wird (vgl. z.B. Grießhaber 2010: 51). Auch im Hinblick auf die allgemeine Bildungsdiskussion erscheint dieser Aspekt höchst relevant. So hat Pierre Bourdieu im Kontext seiner bildungssoziologischen Untersuchungen und Ausführungen zum kulturellen Kapital darauf hingewiesen, dass ‚Fähigkeit' und ‚Begabung' und die unterschiedlichen Schulleistungen von Kindern verschiedener sozialer Herkunft auch als Produkte des kulturellen Kapitals und der Zeit verstanden werden können, die eine Familie zuvor in die Bildung investieren konnte und ggf. während der Schulzeit investiert (1997: 53ff.).

Erklärungen zu geben oder Bewertungen zu formulieren unterscheidet sich zwar in den Fächern Sprache/Deutsch, Sachunterricht oder Mathematik, weist aber z. B. hinsichtlich der verwandten Redemittel auch Überschneidungen auf, die bei entsprechend koordinierter Planung zeiteffektiv genutzt werden können.

Einige sich aus den beschriebenen Zusammenhängen ergebende Eckpunkte für einen bildungssprachförderlichen Sachunterricht, möchten wir am Schluss dieser Verortung der Arbeit mit dem Planungsrahmen anführen:

- *Grundlegend für die durchgängige Sprachbildung* ist der Sachunterricht, „da in diesem der Grundstein für die (fach-)sprachliche Entwicklung in acht Fächern der Sekundarstufe I … gelegt wird, d. h. für alle naturwissenschaftlichen und gesellschaftswissenschaftlichen Themenbereiche“ (Benholz/Rau 2011: 1). Als grundlegend ist er aber auch insofern anzusehen, als dass die Schüler hier ihre Alltagserfahrungen und ihr Alltagswissen einbringen und dabei für ihre Selbstwahrnehmung und ihre Identität als Lernende wichtige Erfahrungen der Partizipation und Anerkennung machen können. Damit solche Erfahrungen des Mit-Sprechens gelingen, benötigen die Schülerinnen *aktive Lernräume*, die pädagogisch-didaktisch herzustellen und zu gestalten sind. Wir haben im Zusammenhang mit dem Konzept des *Scaffolding* das Bild des Klassenzimmers als eines *Gesprächsraums* verwandt (vgl. Quehl/Trapp 2013: 49 ff.), um zu veranschaulichen, dass es nicht nur bildungssprachdidaktisch relevant ist, den Kindern Gelegenheit zu längeren und damit auch komplexeren Äußerungen zu geben (vgl. Gibbons 2006a: 282 ff.; Lengyel 2012: 150 ff.), sondern auch, weil in dialogisch angelegten Unterrichtsgesprächen eine Zusammenführung der Aspekte Interaktion, gemeinsames Denken und Konstruieren von Bedeutungen sowie der Anerkennung und Partizipation möglich wird. Erst auf der Grundlage der Erfahrung eigener sprachlicher Partizipation und des Einbringens und der Anerkennung eigener sprachlicher Erfahrungen wird es für die Schülerinnen und Schüler möglich, sich auszuprobieren, kognitive und sprachliche ‚Risiken‘ einzugehen und so ihre sprachlichen und fachlichen Lernmöglichkeiten auszuschöpfen, herauszufordern und zu erweitern.

- *Die Akzentuierung des Unterrichtsgesprächs* knüpft gleichzeitig an didaktische Diskussionen im Kontext des genetisch orientierten Sachunterrichts und der Ansätze des *Conceptual Change* an.[29] Unter einem genetischen Unterrichtsverfahren wird ein Setting verstanden, das „die Erfahrungen, Vorkenntnisse und Überlegungen der Lernenden konstruktiv aufnimmt und mit ihnen Wege des Entdeckens sucht, um gemeinsam zu gesichertem und verstandenem Wissen zu kommen“ (Köhnlein 1996: 61, zit. in Möller 2007a: 259). Jener Lernraum, den wir zuvor als die Überführung der Vorerfahrungen der Kinder in schulisches Wissen beschrieben haben, steht auch im Fokus der *Conceptual-Change*-Ansätze. Sie beschäftigen sich mit den bei den Kindern vorhandenen Präkonzepten, die graduell einen Prozess der Umstrukturierung in schulisches Wissen erfahren. Dabei wird im Anschluss an Vygotskij und sozial-konstruktivistische Perspektiven in aktuellen Diskussionen

29 In einer Überblicksdarstellung zum genetischen Lernen und den international diskutierten *Conceptual-Change*-Ansätzen wird hervorgehoben, dass beide Perspektiven trotz unterschiedlicher Herkunft und Traditionen mehrere übereinstimmende Grundideen aufweisen (vgl. Möller 2007a). Trotz ihres häufig primären Bezuges auf den naturwissenschaftlichen Bereich sind unter ‚Konzepten‘ im Sinne der Kognitionspsychologie auch solche zu verstehen, die anderen Teilbereichen des Sachunterrichts zuzuordnen sind (vgl. auch Kahlert 2009: 194).

> „die soziale Genese von Conceptual-Change-Prozessen hervorgehoben. Kooperative Denkprozesse in problemhaltigen, möglichst authentischen Lernsituationen, die zum Aufstellen und Diskutieren von Vermutungen herausfordern und Möglichkeiten bieten, gemeinsam nach Überprüfungen und Lösungen zu suchen, geben Anstöße und Unterstützung für die individuelle konzeptionelle Entwicklung" (Möller 2007a: 261 f.).

Entsprechend werden beispielsweise als wesentliche Aspekte eines ‚konstruktivistisch orientierten naturwissenschaftlichen Sachunterrichts mit strukturierenden Anteilen' (Ewerhardy u. a. 2012) genannt: ein explorierender Umgang mit den Vorstellungen der Schüler, einschließlich eines positiven Umgangs mit ‚Fehlern'; die Kommunikation und Aushandlung von Bedeutungen, wobei „Einander Zuhören – im Sinne von aktivem inhaltlichen Erfassen des Gesagten –, aufeinander Reagieren und einander Widerlegen (...) Aspekte des sozialen Aushandelns von Bedeutungen [sind], denen ein hoher Stellenwert in der Kommunikation im Klassenzimmer zugeschrieben wird" (ebd.: 78) – sowie eine Phänomen- und Problemorientierung und eine Strukturierung des Lernens durch eine Sequenzierung der Unterrichtsinhalte bzw. -reihe.

- *Die Bedeutung der Interaktion* stellt somit eine der Gemeinsamkeiten sowohl des genetischen Lernens und der *Conceptual Change*-Ansätze als auch der systemisch-funktionalen Linguistik dar und bietet daher eine tragfähige Anschlussfläche für einen Sachunterricht, der zu einem Lernort für bildungssprachliche Fähigkeiten werden soll. In beiden sachunterrichtlichen Konzeptionen wird der Interaktion der Schülerinnen untereinander und mit der Lehrkraft eine wesentliche Bedeutung für den Aufbau von Wissen beim einzelnen Kind beigemessen und der Lehrkraft kommt in der Interaktion eine unterstützende, nicht vorwegnehmende Rolle zu. Beim *Scaffolding*[30] nehmen die Lehrkräfte eine Rolle ein, die durch das Hervorheben von Aussagen oder bestimmten Fragen ebenso wie durch das Strukturieren von Ergebnissen oder Herausfordern von Begründungen den „Kindern eine aktive Rolle im Lernprozess zuerkennt, ohne aber die Lernenden sich selbst zu überlassen" (Möller 2007a: 263). Die hier unter Gesichtspunkten der fachlichen Lehr-Lern-Prozesse beschriebene Perspektive korrespondiert mit dem *Scaffolding*-Konzept wie es in der Zweitsprachdidaktik (siehe z. B. Gibbons 2006a) herausgearbeitet wurde, und verdeutlicht noch einmal, dass der aktive Lernraum, in dem Lehrkräfte und Schüler im Sachunterricht interagieren, immer zugleich ein fachlicher und ein sprachlicher ist.
- *Die Handlungsorientierung*[31], der im Sachunterricht ein hoher Stellenwert zukommt, ist entsprechend eine zweifache: Sie ist zugleich auf die fachlichen

30 Mit der Metapher ‚*Scaffolding*' (engl. ‚Gerüste bauen') beschrieb ein Forscherteam um Jerome Bruner (Wood u. a. 1976) die Interaktionsprozesse zwischen Müttern und Kindern beim Lösen komplexer Aufgaben. Die Mutter ermöglicht es dem Kind, in der Interaktion mit ihr zu Lösungen zu kommen, zu denen es selbstständig noch nicht in der Lage wäre. Allmählich wird diese Unterstützung reduziert, sodass das Kind die Aufgabe schließlich alleine lösen kann. *Scaffolding* steht somit für die unterstützende Begleitung des/der Lernenden bei gleichzeitiger Befähigung zu einem zunehmend selbstständigen Lösen der jeweiligen Aufgabe. Siehe auch Kapitel 4.

31 Handlungsorientierung ist im Sachunterricht ein vielfältiger, in unterschiedliche pädagogische Ansätze eingegangener Begriff, der zudem auf ein Spektrum anderer Bezeichnungen verweist: handelnder, handlungsbezogener oder -intensiver Unterricht oder auch das ‚Lernen mit allen Sinnen' (siehe für eine Übersicht Möller 2007b).

Inhalte wie auf die Sprache zu beziehen. Im Hinblick auf die sprachlichen Aspekte dieser Handlungsorientierung ist es bedeutsam, dass der Lernraum für alle Beteiligten *bewusst* gestaltet wird, dass „gerade im Kontext eines situativen oder handlungsorientierten Ansatzes [gilt], dass die Situation oder der Handlungskontext sprachlich gestaltet sein muss, um einen Beitrag zur Sprachförderung leisten zu können" – es folglich nicht darum geht, „dass die Kinder situativ eingebunden irgendwie kommunizieren, sondern dass sie wirklich sprachlich handeln" (Rösch 2003b: 63).

- *Die Artikulation der Vorerfahrungen* ist vor dem Hintergrund der Perspektiven der Umwelterschließung, des genetischen Lernens und der *Conceptual Change*-Ansätze bedeutsam. Die Schülerinnen und Schüler sollten im Sachunterricht die Gelegenheit erhalten, ihre Erfahrungen und Präkonzepte zu artikulieren und dabei auch in sprachlicher Hinsicht unterstützt werden.

  Den Kindern zugleich zu ermöglichen, individuelle Interessen und Schwerpunkte im Unterricht einzubringen oder zu verfolgen, steht nicht in einem Widerspruch hierzu. Allerdings wird durch eine im gemeinsamen Unterrichtsgespräch erfolgende Versprachlichung und Klärung der Vorerfahrungen der Kinder sowie eine Erarbeitung der fachlichen Begriffe häufig erst die Voraussetzung dafür geschaffen, in individuellen Settings und an individuellen Aufgaben weiterarbeiten zu können. Daher ist im Sinne grundschulpädagogischer Bildungsansprüche bei der mittelfristigen Unterrichtsplanung immer wieder zwischen dem Einbringen *individueller* Interessen und der Notwendigkeit, Bedeutungen sprachlich und inhaltlich in der *gemeinsamen* Interaktion herzustellen, zu vermitteln.

- *Der Sachunterricht ermöglicht eine Annäherung* an fach- und bildungssprachliche Äußerungen entlang des *mode continuum*. Das Bild eines solchen Auf-dem-Weg-Seins bezieht sich zum einen auf individuelle Aneignungsprozesse der Schülerinnen, die zunehmend mehr bildungssprachliche Elemente in ihre Äußerungen und Texte einfügen oder Äußerungen und Texten Informationen entnehmen (müssen).[32] Zugleich steht es für eine didaktisch-curriculare Perspektive, die bemüht ist, diese Aneignungsprozesse im Sinne einer *spiralcurricularen Planung* zu strukturieren und auf diese Weise zu unterstützen.

  Eine spiralcurriculare Orientierung im Sachunterricht hat zugleich pädagogisch-didaktische Schwerpunkte und Charakteristika der unterschiedlichen Grundschulphasen (Klasse 1/2; Klasse 3/4; ggf. Klasse 5/6) zu berücksichtigen. So wird beispielsweise das Verhältnis zwischen im Unterricht ungesteuerten und gesteuerten Sprach(entwicklungs)prozessen[33] in verschiedenen Klassenstufen unterschiedlich zu akzentuieren sein und spielerische oder fächerüber-

---

32 Entgegen des zuvor benutzten Begriffs von ‚Text', der sich unter Bezug auf die systemisch-funktionale Lingusitik sowohl auf mündliche Äußerungen als auch geschriebene Texte bezog, soll mit der an dieser Stelle verwandten Unterscheidung von ‚Äußerung' und ‚Text' markiert werden, dass im Unterricht vier sprachliche Fähigkeitsbereiche zu berücksichtigen sind: im rezeptiven Bereich das Hören und Lesen sowie im produktiven Bereich das Sprechen und Schreiben (siehe z. B. Rösch 2003a: 24 f.).

33 Mit der Formulierung ‚ungesteuerte und gesteuerte Sprach(entwicklungs)prozesse' soll markiert werden, dass bei der Verbindung sprachlichen und fachlichen Lernens ungesteuertes/implizites und gesteuertes/explizites Lernen ineinandergreifen. Insofern können auch im Sachunterricht die traditionell unterschiedenen Prozesse eines ungesteuerten, natürlichen ‚Zweitsprach*erwerbs*' und eines gesteuerten ‚Zweitsprach*lernens*' als Aspekte der Sprachentwicklung verstanden werden (siehe auch Rösch 2011: 13 f.).

greifende Aspekte werden in unterschiedlicher Weise in die Planung aufgenommen.

‚Annäherung' ist jedoch auch in dem Sinne zu verstehen, dass in der Grundschule das Ineinandergreifen alltags- und bildungssprachlicher Äußerungen noch mit einer größeren Flexibilität erfolgt als später in der Sekundarstufe I. Denn obwohl der Sachunterricht dadurch gekennzeichnet ist, dass auch mündliche Äußerungen zunehmend im Modus der konzeptionellen Schriftlichkeit/Bildungssprache erfolgen, müssen sie nicht notwendigerweise in schriftliche Texte umgesetzt werden.[34] In Übereinstimmung mit der zuvor skizzierten Akzentuierung des Unterrichtsgesprächs ergibt sich vielmehr ein Lernraum, in dem bildungssprachliche Elemente erprobt und geübt werden können, ohne sie unmittelbar im Anschluss daran – wohl aber perspektivisch – in schriftliche Texte zu überführen. Als ein eigenständiger, durch die Lehrkraft bewusst gestalteter und strukturierter Bereich eröffnet das Mündliche Möglichkeiten für die Schülerinnen und Schüler, Sprachstrukturen und Fachwörter wiederholt auszuprobieren und zu üben sowie dabei auch voneinander zu lernen. Darüber hinaus kann der Umgang mit der Schriftlichkeit – produktiv beim Schreiben und rezeptiv beim Lesen von Sachtexten – in unterschiedlichen Klassenstufen und auch hinsichtlich individueller Differenzierung unterschiedlich gestaltet werden.

- *Die thematische Breite des Sachunterrichts* erfordert zahlreiche unterschiedliche Sprachhandlungen, die auf verschiedene und flexible Weise miteinander verbunden werden müssen. Damit bieten sich einerseits zahlreiche Gelegenheiten für die Kinder, ihre sprachlichen Ressourcen durch die Aufnahme bildungssprachlicher Elemente zu erweitern und zu festigen. Andererseits ergibt sich didaktisch die Herausforderung, solche potenziellen Lerngelegenheiten und Sprachhandlungen gewissermaßen durch die thematische Breite ‚hindurch' zu planen. Neben den in kompetenzorientierten Lehrplänen häufig aufgeführten Operatoren, die Sprachhandlungen benennen, erscheint es daher sinnvoll, auf weitere Möglichkeiten zurückzugreifen, mit denen sich Sprachhandlungen weiter differenzieren lassen. Beim Planungsrahmen greifen wir zu diesem Zweck auf das Konzept der Mitteilungsbereiche zurück (siehe z. B. Rösch 2003a: 50 ff.). Wie im nächsten Kapitel näher skizziert werden soll, lassen sich damit Anschlüsse an die Perspektive der systemisch-funktionalen Linguistik herstellen. In welchem Maße es möglich wird, die thematische Breite des Sachunterrichts als Lernort für Sprachbildung zu nutzen, wird auch davon abhängen, wie es gelingt, in der Unterrichtsplanung diese Vielfalt und eine systematische Vermittlung der bildungssprachlichen Mittel zusammenzuführen.

34 Ein Beispiel für diese ‚Flexibilität' wäre im naturwissenschaftlichen Bereich das Sprechen über durchgeführte Versuche, die sich die Kinder zwar im Unterrichtsgespräch gegenseitig beschreiben, die aber noch nicht in das in der Sekundarstufe übliche Genre der Versuchsbeschreibung umgesetzt werden müssen. Ähnliches gilt im sozialwissenschaftlichen Bereich beispielsweise für das Argumentieren, das in der Grundschule oft lediglich im Medium der Mündlichkeit erfolgt, bevor es in der darauf folgenden Schulstufe in Form der Erörterung in ein eigenständiges Textgenre überführt wird.

3. Die Erstellung eines Planungsrahmens

Der Planungsrahmen geht auf Arbeiten der australischen Unterrichtsforscherin und Zweitsprachdidaktikerin Pauline Gibbons (1993: 18 ff.) zurück, wurde im britischen Kontext aufgegriffen (Somani/Mobbs 1997/2011) und für den deutschsprachigen Fachunterricht in der Sekundarstufe von Tanja Tajmel (2009: 150 f.) adaptiert. Seit 2011 arbeiten wir mit der hier vorgestellten Fassung in Fortbildungs- und Schulentwicklungszusammenhängen, insbesondere im Rahmen der ‚Sprachschätze', einer Qualifizierungsmaßnahme der Landesweiten Koordinierungsstelle der kommunalen Integrationszentren NRW zur inklusiven Schulentwicklung in Nordrhein-Westfalen. Im Rahmen des bundesweiten Programms ‚Bildung durch Sprache und Schrift' (BiSS) entwickelt und erprobt der BiSS-Verbund ‚Sprachschätze Wuppertal' zur alltagsintegrierten Sprachförderung Planungsrahmen.[35] An anderer Stelle haben wir diese Fassung bereits kurz dargestellt (Quehl/Trapp 2013).[36] Im Folgenden soll die Struktur des Planungsrahmens in ihrer Verknüpfung zur systemisch-funktionalen Linguistik erläutert werden. Anschließend skizzieren wir die Arbeitsweise mit dem Rahmen innerhalb der Planung einer Sachunterrichtseinheit.

Struktur des Planungsrahmens

Mit dem Planungsrahmen wird es Lehrkräften ermöglicht, bei ihrer Unterrichtsplanung die sprachlichen Anforderungen zu klären, vor die die Schülerinnen und Schüler in einer Unterrichtseinheit oder -stunde gestellt sind, wenn sie erfolgreich lernen und dem fachlichen Thema angemessen mitarbeiten sollen. Dabei stellt die Rahmenstruktur „auf sehr übersichtliche und gut nachvollziehbare Art und Weise dar, wie Sprache in die fachliche Unterrichtsplanung integriert werden kann" (Tajmel 2009: 151) (Abb. 3).

Abb: 3: Planungsrahmen aus Tajmel 2009: 151, nach Somani/Mobbs 1997

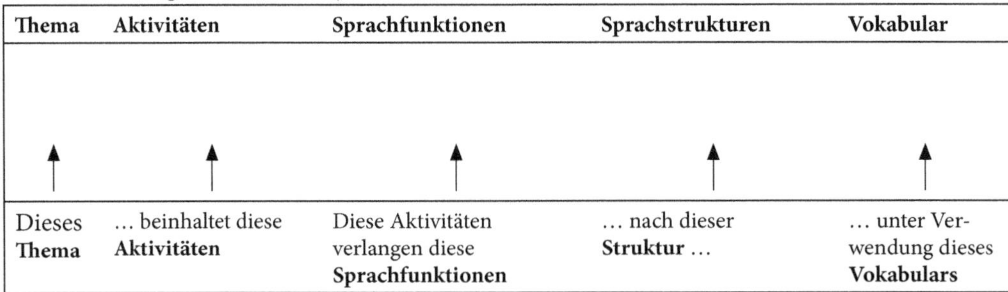

Thema	**Aktivitäten**	**Sprachfunktionen**	**Sprachstrukturen**	**Vokabular**
↑	↑	↑	↑	↑
Dieses **Thema**	… beinhaltet diese **Aktivitäten**	Diese Aktivitäten verlangen diese **Sprachfunktionen**	… nach dieser **Struktur** …	… unter Verwendung dieses **Vokabulars**

Der Rahmen wurde für die Arbeit in der Grundschule modifiziert und entsprechend der in Kapitel 2 dargestellten Zusammenhänge wurden die Überschriften der fünf Spalten um erklärende Zeilen ergänzt (Abb. 4). Wir erläutern sie hier in ihrer Reihenfolge:

35 Siehe http://sprachschaetze-wuppertal.net/biss/

36 Siehe für andere Planungsfelder, die in den vergangenen Jahren zur Unterrichtsplanung im Bereich Deutsch als Zweitsprache und zur Verbindung von fachlichem und sprachlichem Lernen vorgelegt wurden, z. B. Kehbel u. a. 2003; Engin u. a. 2004; Bartnitzky 2005; Göncüoğlu u. a. 2006; Quehl/Scheffler 2008; Krämer 2009; Treetzen 2009; Tajmel 2011, 2013.

Abb. 4: Die Struktur des Planungsrahmens (nach Quehl/Trapp 2013: 37)

Thema	Aktivitäten	Sprachhandlungen Mitteilungsbereiche	Sprachstrukturen	Vokabular
der Unterrichtsreihe, -einheit oder -stunde	• Aktivitäten, die fachliches und sprachliches Handeln im Unterricht verbinden • Verbindung zwischen dem Thema und den Sprachhandlungen	• Welche Sprachhandlungen sollen die Schülerinnen umsetzen? • In welchen Mitteilungsbereichen müssen sie dabei über sprachliche Mittel verfügen? • Verbindung zu kognitiven Aktivitäten	• Welche Sprachstrukturen benötigen die Schülerinnen, um die Sprachhandlungen und Mitteilungsbereiche umzusetzen und so das Thema zu bearbeiten? • Welche sprachlichen Alternativen gibt es?	• Welches fachsprachliche Vokabular ermöglicht es den Schülerinnen und Schülern, über das Thema zu lernen?

Thema

Der Planungsrahmen kann auf eine Unterrichtsreihe, eine Unterrichtseinheit oder auch eine einzelne Unterrichtsstunde bezogen werden. Das jeweilige Thema wird entsprechend mit unterschiedlicher Reichweite formuliert sein.

Aktivitäten

Entlang des Themas werden die zentralen *Unterrichtsaktivitäten* geplant. In diesen Aktivitäten erfolgen sowohl fachliches und als auch sprachliches Handeln und sie stellen insofern eine Verbindung zwischen dem Thema und den Sprachhandlungen selbst in den Fällen dar, in denen man sie primär oder ausschließlich unter fachlichen Gesichtspunkten planen würde. Würde man bei der Unterrichtsplanung die *sprachliche* Perspektive lediglich als ‚Zusatz' in den Blick nehmen, ließe sich fragen, welche Sprachhandlungen die Schülerinnen durchführen müssen um sich eben diese Inhalte anzueignen. Doch im Sinne kompetenzorientiert formulierter Lehrpläne und der zuvor skizzierten engen Verknüpfung von kognitiv-inhaltlichem und sprachlichem Lernen als auch vor dem Hintergrund eines sozial-konstruktivistischen Verständnisses der Aneignung bildungssprachlicher Fähigkeiten erscheint es sinnvoll, die Aktivitäten nicht nur unter fachlichen, sondern auch sprachlichen Aspekten auszuwählen und in Unterrichtssequenzen zu bringen. Die in der zweiten Spalte aufzuführenden Aktivitäten stellen so nicht nur eine *Notwendigkeit* für sprachliches Lernen dar, sondern werden auch als Anlass und *Gelegenheiten* für die Erweiterung sprachlicher Fähigkeiten verstanden. Wir möchten argumentieren, dass dies gerade auch eine grundschulspezifische Akzentuierung der durchgängigen Sprachbildung darstellt, und gehen darauf in Kapitel 4 näher ein. Insgesamt bestehen die im zweiten Abschnitt angegebenen Unterrichtsaktivitäten also sowohl aus primär dem Fachlichen zuzuordnenden Aktivitäten wie *Versuche planen* oder *Experimentieren* als auch aus Aktivitäten, die sich expliziter auf sprachliche Tätigkeiten beziehen wie *Beschreiben, Schreiben* oder *Vortragen*. Entlang des Sprachmodells der systemisch-funktionalen Linguistik (siehe Abb. 1, Seite 24) ergeben sich die Formen der sprachlichen Aktivitäten und die Art der Äußerungen aus der Kultur des Sachunterrichts – also z. B. seinen Arbeits- und Erkenntnisweisen – und es ist diese Kultur des Faches, in die fachspezifische kognitive Aktivitäten und sprachliches Handeln eingebunden sind. Im Sinne des Genre-Konzepts entstehen vor diesem Hintergrund Textformen – z. B. eine Beschreibung eines Experiments, ein Eintrag im Forscherinnentagebuch oder eine Erklärung zu einem Lernplakat – und sind von den Schülern nachzuvollziehen. Doch erst die Gestaltung der Unterrichtsaktivitäten und damit jeweils eine bestimmte Konfiguration der drei Kontextvariablen *field*, *tenor* und *mode* entscheidet darüber, in welcher Form Äußerungen/Texte letztlich zustande kommen, oder besser: in den Lernwegen der Schülerinnen potenziell zustande kommen können.

Sprachhandlungen/Mitteilungsbereiche

In die dritte Spalte werden die *Sprachhandlungen* eingetragen, die sich aus den Unterrichtsaktivitäten ergeben und deren Umsetzung von den Schülern bei der Durchführung dieser Aktivitäten erwartet wird.[37] Während man beim Fachunterricht traditionell die Aufmerksamkeit auf den Fachwortschatz – sozusagen als den ‚sichtbarsten' Ausdruck der ‚sprachlichen Erwartungen' (Somani/Mobbs 1997: 3) eines fachlichen Themas – richtetete, geht man bei der Arbeit mit dem Planungsrahmen entsprechend dem Verständnis der systemisch-funktionalen Linguistik einen anderen Weg. Narmin Somani und Michael Mobbs erläutern diese für die Struktur des Rahmens zentralen Überlegungen:

> „… indem wir den Strukturen eine Priorität einräumen, erkennen wir an, dass in der realen Sprache Wörter zu bedeutungstragenden Äußerungen beitragen, die wiederum Funktionen erfüllen.
> Funktionen sind für den Rahmen von zentraler Bedeutung. Es wäre einfach, die Spalte auszulassen und zu sagen: ‚Dies ist die Art von Dingen, die die Schüler innerhalb dieses Unterrichtsthemas sagen müssen, folglich sind dies die wichtigen Sprachstrukturen'. Damit würde man jedoch die fächerübergreifende Dimension von Sprache vernachlässigen. Indem wir uns selbst darin üben, die allgemeine und weitreichende Terminologie der Funktionen zu verwenden, statt die sehr spezielle und begrenzte Sammlung der ‚Art von Dingen, die die Schüler sagen müssen', sind wir besser darauf vorbereitet, zur Sprachentwicklung der Schüler in allen Fächern beizutragen (wie auch zum Bewusstsein aller Lehrkräfte für die ‚Sprache in allen Fächern'). Darüber hinaus erinnert uns die Begrifflichkeit der Funktionen an die kognitiven Fähigkeiten, die gleichzeitig zur Anwendung kommen" (1997: 3 f.).

Man findet diese Sprachfunktionen bzw. wie zuvor erläutert, diese Sprachhandlungen im Allgemeinen, indem man die Frage beantwortet, welche Sprachhandlungen die Schülerinnen und Schüler in den Unterrichtsaktivitäten umsetzen sollen. Aus der Perspektive der systemisch-funktionalen Linguistik (siehe Abb. 1, Seite 24) führen die durch die Unterrichtsaktivitäten geschaffenen Situationen dazu, dass bestimmte Sprachhandlungen und sprachliche Äußerungen erforderlich werden. Um sie umzusetzen und dabei die gewünschten Bedeutungen herzustellen, müssen die Schülerinnen aus *Sprachstrukturen* und aus einem

37 In der hier vorgestellten Version des Planungsrahmens wird der Begriff ‚Sprachhandlungen' statt ‚Sprachfunktionen' verwandt um an die aktuelle Diskussion anzuschließen (siehe z. B. Vollmer/Thürmann 2010; Tajmel 2011, 2013). Im schulischen Kontext wird anstelle von ‚Sprachhandlung' auch ‚Operator' verwandt. Der Begriff bezeichnet Sprachhandlungen, die bei den Aufgabenstellungen in der Schule bedeutsam sind und die in Form von handlungssignalisierenden und -initiierenden Verben deshalb auch in Bildungsstandards und Lehrplänen Verwendung finden. Sie sind wichtige, konkrete Hinweise für die Unterrichtsplanung, z. B. Beschreiben, Begründen, Erklären, Zusammenfassen (vgl. Gogolin u. a. 2011b: 28; Tajmel 2013: 202 ff.; siehe auch Thürmann/Vollmer 2013: 225 f.).

Vokabular auswählen. Entsprechend des Umstandes, dass auf dem Kontinuum sprachlicher Ressourcen die Grammatik die allgemeinste und der Wortschatz die feinstabgestimmte Auswahl darstellen (vgl. Thompson 2014: 29), wählen die Kinder bei ihren mündlichen und schriftlichen Äußerungen aus beiden Bereichen des Kontinuums aus. Der obigen Erläuterung von Somani/Mobbs folgend, wird daher, nach unserem Verständnis, der Sachunterricht dann eine tragfähige Gelegenheit zur Sprachbildung bieten, wenn er in einer Weise gestaltet wird, die es den Kindern ermöglicht, ihre sprachlichen Ressourcen sowohl im Bereich der grammatischen Mittel/Sprachstrukturen als auch im Bereich des Wortschatzes zu erweitern. Mit der Formulierung der Tragfähigkeit soll gekennzeichnet werden, dass es ja nicht darum geht, dass die Schülerinnen und Schüler nur die Art von Dingen lernen, die sie innerhalb des jeweiligen Unterrichtsthemas sagen müssen. Vielmehr kommt es immer auch darauf an, dass die eingeführten, erprobten, geübten und erworbenen (bildungs-)sprachlichen Mittel in anderen Situationen und bei anderen Themen angewandt und damit zur Herstellung weiterer Bedeutungen genutzt werden können. Der Bezug auf die Sprachhandlungen hilft also nicht nur, die ‚sprachlichen Erwartungen' des jeweiligen Unterrichtsthemas zu klären, sondern auch solche perspektivischen, ‚offenen' Möglichkeiten und potenziellen Übertragbarkeiten in den Blick zu nehmen.

Obwohl die Sprachhandlungen die Scharnierstellen des Planungsrahmens zwischen Unterrichtsaktivitäten und sprachlichen Mitteln darstellen, sind sie nicht immer offensichtlich, wenn es darum geht, die ‚Sprache im Fach' zu finden. Erschwerend kommt hinzu, dass übergeordnete bzw. Makrofunktionen wie Beschreiben, Erklären, Argumentieren oder Bewerten aufgrund ihrer großen Reichweite bei der Arbeit mit dem Rahmen oft unscharf erscheinen oder zumindest nicht ohne Weiteres als Sprachstrukturen zu präzisieren sind. Für Lehrkräfte ist es unter dem Aspekt der Übertragbarkeit auf andere Situationen aber gerade wichtig, im dritten Abschnitt die Sprachhandlungen zu klären und gegebenenfalls weiter auszudifferenzieren um anschließend Sprachstrukturen und sprachliche Mittel zu planen. Um den Sprachhandlungen auf die Spur zu kommen, schlagen wir daher vor, zwei weitere Zugänge hinzuzunehmen: das Konzept der *Mitteilungsbereiche*[38] und für den Sachunterricht *spezifische Sprachhandlungen/Mitteilungsbereiche*. Sie können zu einer pragmatisch ausgerichteten Systematisierung des Sprachlichen im Fachlichen beitragen und als ein roter Faden durch unterschiedliche Themen und Klassenstufen hindurch eine Orientierung bieten. Wenn Hans Barkowski, Ulrike Harnisch und Sigrid Krumm mit dem Modell der Mitteilungsbereiche eine Perspektive der Sprachvermittlung beschreiben, die „den Mitteilungsbedürfnissen der Lerner den Vorrang gibt vor der Entfaltetheit ihrer sprachlichen Mittel, ohne deswegen die Wichtigkeit der *systematischen* Vermittlung dieser sprachlichen Mittel aus dem Blick zu verlieren" (1986: 116, Hervorheb. T.Q./U.T.), so lässt sich diese Beschreibung gut auf die Bedingungen der fortlaufenden Verbindung fachlichen und sprachlichen Lernens beziehen. Ziel des Konzepts ist es die Aufmerksamkeit auf jene sprach-

38 Das Modell der Mitteilungsbereiche wurde für den Unterricht mit Erwachsenen entwickelt (Barkowski u. a. 1986: 111 ff.) und für das Vorschulalter adaptiert (Müller/Rösch 1985: 54 ff.), bevor es auch für den Primar- und Sekundarbereich aufgegriffen wurde (Rösch 2003a: 50 ff. bzw. 2005: 32 ff.). Siehe dort jeweils Übersichten der Mitteilungsbereiche mit den sprachlichen Mitteln, die ihre Realisierung ermöglichen. Als Mitteilungsbereiche werden unterschieden: Identifizieren, Qualifizieren, Quantifizieren, Orts- und Zeitangaben, Begründen, Zwecke/Absichten ausdrücken, Nachfragen, Bedingungen darstellen, Zwänge/Abhängigkeiten/Befehle sowie Wille/Wunsch/Hoffnung und Zitieren (vgl. z. B. Rösch 2003a: 50 ff.).

lichen Mittel zu richten, die notwendig sind, um die Diskrepanz zwischen dem Mitteilungsbedürfnis und dem Mitteilungsvermögen der Lernenden in dem jeweiligen Mitteilungsbereich zu schließen. Damit richtet sich der Fokus nicht auf eine Situation oder ein Thema, sondern auf das Bedürfnis der Schülerinnen und Schüler, in dem jeweiligen Bereich sprachlich zu handeln (vgl. Rösch 2003a: 50). In ihrer Adaption für den Vorschulbereich schreiben Annette Müller und Heidi Rösch: „Aus der Bearbeitung der einzelnen Mitteilungsbereiche ergeben sich ‚automatisch' Sprach- und Redemittel und sie legen die Verwendung bestimmter Sprachstrukturen nahe" (1985: 56). Sprachliche Strukturen sind so nicht mehr das alleinige Ziel des Lernens, sondern werden als den kommunikativen Interessen untergeordnet angesehen (vgl. ebd.). Aus Sicht der Planungsrahmenarbeit und pragmatisch aufgefasst finden sich hier Anknüpfungspunkte an die Perspektive der systemisch-funktionalen Linguistik. Denn grammatische Strukturen sind das Ergebnis von Prozessen, bei denen Bedeutungen hergestellt werden, und je nach der Gestaltung des Kontextes wird dabei die Verwendung unterschiedlicher sprachlicher Mittel nahegelegt. Das Konzept der Mitteilungsbereiche ermöglicht es deshalb, in der Unterrichtsplanung die Sprachhandlungen weiter auszudifferenzieren und zugleich einer für die Verbindung fachlichen und sprachlichen Lernens sinnvollen Systematik zugänglich zu machen.

Mitteilungsbereiche können jeweils mit verschiedenen Sprachstrukturen und grammatischen Phänomenen umgesetzt werden. Beispielsweise werden zum *Identifizieren* Nomen, einschließlich Komposita, und Adjektive ebenso wie Lokal-, Temporal- oder auch Relativsätze verwandt oder der Mitteilungsbereich *Bedingungen/Voraussetzungen/Abläufe benennen* wird durch Konjunktionen (*wenn, falls, entweder – oder, sowohl als auch*), sprachliche Wendungen wie *vorausgesetzt, dass* oder auch Präpositionalangaben (*bei schönem Wetter*) realisiert (vgl. Rösch 2003a: 51). Pädagogisch-didaktisch ist dabei relevant, dass die unterschiedlich komplexen Umsetzungen eines Mitteilungsbereichs es ermöglichen, einer in sprachlicher Hinsicht heterogenen Schülergruppe gerecht zu werden und die jeweils nächsten Schritte der sprachlichen Entwicklung der Kinder zu berücksichtigen. Wenn im Gesprächsraum des Sachunterrichts gleichzeitig unterschiedlich komplexe Umsetzungen der Mitteilungsbereiche zur Verfügung gestellt werden, werden Kinder nicht nur unterschiedlich auf diese Umsetzungen zurückgreifen, sondern es bieten sich zugleich Ansatzpunkte für eine spiralcurriculare Planung (siehe auch ebd.: 52). Wir möchten argumentieren, dass durch die Perspektiven der Sprachhandlungen und der Mitteilungsbereiche zugleich die Kinder mit ihren Mitteilungsbedürfnissen – die Erfahrung mitsprechen zu wollen – und die Möglichkeiten einer systematischen Vermittlung sprachlicher Mittel – um als Lehrerin dieses Mitsprechen aller im Unterricht zu ermöglichen – bei der Unterrichtsplanung berücksichtigt werden können. Darüber hinaus eröffnet der Bezug auf die Mittelungsbereiche Anknüpfungspunkte für Deutsch-als-Zweitsprache-Schleifen, die weitere Chancen individueller Sprachbildung bieten; dies wird in Kapitel 6 noch einmal thematisiert.

In der Erläuterungszeile zu diesem Abschnitt des Rahmens weisen wir auf die Verbindung der Sprachhandlungen zu kognitiven Aktivitäten hin und möchten damit hervorheben, dass jene kognitiven Aktivitäten in einem Wechselverhältnis zu den Sprachhandlungen stehen. Dies ist nicht nur bedeutsam, weil die *kognitiven* Aktivitäten, zu denen die Kinder im Sachunterricht angeregt werden, nahezu immer *sprachlich* vermittelt sind und die Schülerinnen zur erfolgreichen Teilnahme am Unterricht entsprechende Sprachhandlungen rezeptiv und produktiv ausführen müssen. Relevant sind sie auch zur Identifizierung von Sprachhandlungen, die sich nicht unbedingt – oder vielmehr nicht so offensichtlich – aus den in der zweiten Spalte aufgeführten Aktivitäten ergeben, die die Kinder aber trotzdem realisieren müssen um inhaltliche Lernprozesse zu vollziehen. Wenn die Schülerinnen und Schüler beispielsweise in einer Unterrichtsreihe zur gesunden Ernährung Lebensmittel in Nahrungsmittelgruppen einteilen und die Kinder anschließend an das Konzept der Nährstoffe herangeführt werden, müssen sie *vergleichen*. Dabei sind von den Kindern verschiedene Sprachhandlungen zu vollziehen und sie müssen in unterschiedlichen Mitteilungsbereichen agieren. So ist beispielsweise zu quantifizieren (*... enthält mehr ... als ...*), ein Zweck zu benennen (*Wir essen ..., damit ...*) oder auch eine Bedingung zu beschreiben (*Wenn wir uns nicht gesund/ausgewogen ernähren, ...*). Dieser Blick auf Sprachhandlungen, in die kognitive Aktivitäten eingeschrieben sind, ist dabei sowohl konzeptionell als auch praktisch bei der Erstellung eines Planungsrahmens wichtig: In konzeptioneller Hinsicht, weil es hier letztlich um das geht, was Vollmer/Thürmann (2010: 116) als die ‚integrative Einheit von Inhalt, Denken und Sprechen' bezeichnet haben; praktisch, weil sich eine zusätzliche Orientierung für die Auswahl der in den folgenden Spalten aufzuführenden Sprachstrukturen und -mittel ergibt.

Die folgende Zusammenstellung kognitiver Aktivitäten, sachunterrichtsspezifischer Sprachhandlungen/Mitteilungsbereiche, Sprachstrukturen, entsprechender Redemittel und grammatischer Umsetzungen soll Anregungen geben, um die den Unterrichtsaktivitäten innewohnenden kognitiven Aktivitäten, ggf. auch durch mehrere Unterrichtseinheiten hindurch, zu berücksichtigen.[39]

39 In einer Unterrichtseinheit gehen die kognitiven Aktivitäten natürlich teilweise ineinander über bzw. schließen aneinander an und entsprechend lassen sich auch die sachunterrichtsspezifischen Sprachhandlungen, Mitteilungsbereiche und ihre Redemittel nicht immer trennscharf voneinander abgrenzen. Die Zusammenstellung orientiert sich an Mohan 1986: 25 ff.; Brent Language Service 1999: 41; Rösch 2003a: 50 ff. und 2005: 32 ff.; Quehl/Scheffler 2008: 73. Sie wurde auch für die Planungsrahmen in Kapitel 5 verwandt.

Kognitive Aktivitäten: **Vergleichen, Kontrastieren, Gegenüberstellen, Zuordnen nach Merkmalen**	**Sachunterrichtsspezifische Sprachhandlungen/Mitteilungsbereiche:** Ähnlichkeiten/Unterschiede beschreiben und begründen **Grammatische Umsetzungen/Aspekte für Redemittel:** Komparation, Steigerung von Adjektiven **Sprachstrukturen und Redemittel:** *das gehört zusammen* *das gehört nicht zusammen* *das passt zusammen* *das passt nicht zusammen* *das gehört hierhin* *das gehört dorthin* *das ist gleich* *das ist ähnlich* *das ist dasselbe wie* *das unterscheidet sich von … durch/wegen* *das sieht aus wie* *das erinnert mich an* *das ist anders als* *das ist …, aber das/dieses ist* *diese … sind ähnlich, weil …* *Merkmal* *das gemeinsame Merkmal ist …* *der/ein Unterschied ist, (dass)* *der Unterschied besteht darin, dass* *sortieren,* *sortieren nach dem Aussehen/nach der Form/nach der Farbe/nach der Größe* *… ist größer/länger als …* *… ist gewachsen um …* *… ist genauso lang/groß wie …* *… genauso viel wie …*
Kognitive Aktivitäten: **Kategorien bilden, Klassifizierungen, Oberbegriffe bilden und begründen**	**Sachunterrichtsspezifische Sprachhandlungen/Mitteilungsbereiche:** Phänomene beschreiben; Gruppenbildungen beschreiben und begründen, die aufgrund von Ähnlichkeiten und Unterschieden erfolgen; Beschreibung von Abläufen (bei Ereignissen relevant); Klassifizierungen/Oberbegriffe benennen und begründen. **Grammatische Umsetzungen/Aspekte für Redemittel:** Merkmale, Kriterien, Oberbegriffe, Mengen- und Größenangaben, Kausalsätze (Begründungssätze) **Sprachstrukturen und Redemittel:** *wir legen das zusammen, weil …* *sortieren nach …* *ordnen nach …* *… erkenne ich an …* *das gehört zusammen, weil …* *gehört zu, weil …* *gehört nicht zu …, denn* *unterscheidet sich durch …* *unterscheidet sich von …* *alle diese … sind, weil* *alle diese … nennen wir/bezeichnen wir als …* *das gemeinsame Merkmal aller … ist* *zu den … gehört alles, was …*

Kognitive Aktivitäten: **Sequenzenbildung/ Abläufe erfassen, Voraussetzungen und Bedingungen erfassen**	**Sachunterrichtsspezifische Sprachhandlungen/Mitteilungsbereiche:** zeitliche Abläufe sowie Abläufe im Sinne von Wenn-dann-Beziehungen, Voraussetzungen, Beziehungen und Bedingungen **Grammatische Umsetzungen/Aspekte für Redemittel:** Konjunktionen, Zeitpräpositionen, Präpositionalangaben; Konjunktionalsätze, vor allem Kausalsätze (Begründungssätze) und Konditionalsätze (Bedingungssätze) **Sprachstrukturen und Redemittel:** *als Erstes* — *zuerst* *danach* — *dann* *anschließend* *am Ende* — *zum Schluss* *wenn … dann* *wenn* — *falls* *entweder – oder* — *sowohl als auch* *vorausgesetzt, dass …*
Kognitive Aktivitäten: **Zusammenhänge, Verbindungen, Verallgemeinerungen, Abstraktionen herstellen**	**Sachunterrichtsspezifische Sprachhandlungen/Mitteilungsbereiche:** Verbindungen herstellen **Grammatische Umsetzungen/Aspekte für Redemittel:** Formwörter: Konjunktionen, Präpositionen, Adverbien **Sprachstrukturen und Redemittel:** *das ist wie bei* — *das erinnert mich an* *das ist bei allen … so* — *das ist bei allen … das Gleiche* **Sachunterrichtsspezifische Sprachhandlungen/Mitteilungsbereiche:** Verallgemeinerungen **Grammatische Umsetzungen/Aspekte für Redemittel:** fortgelassener Artikel im Plural; unpersönliche Formulierungen mit ‚man'; Passiv **Sprachstrukturen und Redemittel:** *bei allen …* *meistens* — *in den meisten Fällen* *gewöhnlich* — *normalerweise* *im Allgemeinen*
Kognitive Aktivitäten: **Fragen stellen**	**Sachunterrichtsspezifische Sprachhandlungen/Mitteilungsbereiche:** fragen **Grammatische Umsetzungen/Aspekte für Redemittel:** z. B. Inversion, z. B. Konjunktiv **Sprachstrukturen und Redemittel:** *Warum?* *Aus welchem Grund?* *Was könnte der Grund sein, dass …?* *Was würde passieren/geschehen, wenn …?* *Können wir erklären, warum …?* *Was wäre das Ergebnis, wenn …?* *Was denkst du darüber, dass …?* *Was ist deine Meinung …?*

Kognitive Aktivitäten: **Vermutungen äußern, Hypothesen bilden, Vorhersagen**	**Sachunterrichtsspezifische Sprachhandlungen/Mitteilungsbereiche:** Nachdem Phänomene beschrieben und benannt wurden, werden Vermutungen und Verallgemeinerungen über die zugrunde liegenden Gründe und Muster geäußert. **Grammatische Umsetzungen/Aspekte für Redemittel:** Satzkonstruktionen mit *dass …*, Konjunktiv **Sprachstrukturen und Redemittel:** *ich vermute, dass …* *ich denke, dass …* *ich nehme an …* *vielleicht* *möglicherweise* *es könnte sein, dass* *deshalb denke ich, dass …* *wir werden wahrscheinlich sehen, dass …* *wenn …, dann …*
Kognitive Aktivitäten: **Einschätzungen und Bewertungen vornehmen, eine Auswahl treffen**	**Sachunterrichtsspezifische Sprachhandlungen/Mitteilungsbereiche:** bewerten, vorschlagen **Grammatische Umsetzungen/Aspekte für Redemittel:** z. B. Konjunktiv **Sprachstrukturen und Redemittel:** *das ist richtig …* *das ist wichtig …* *gute Idee …* *Ich denke das auch.* *Ich stimme zu.* *Ich stimme nicht zu.* *Ich stimme dir zu.* *Ich stimme dir nicht zu.* *Ich denke etwas Anderes.* *Ich bin anderer Meinung.* *Ich würde lieber …* *Das ging/funktionierte gut, weil …* *Das gelang mir/uns gut, weil …* *Es wäre besser gewesen, wenn …* *Das könnten wir besser machen …* *Eine andere Möglichkeit wäre …* *Ich denke, das passierte, weil …* *Ein Grund dafür könnte sein, dass …*
Kognitive Aktivitäten: **Schlussfolgerungen ziehen, Erklärungen geben und rechtfertigen, Einwände begründen**	**Sachunterrichtsspezifische Sprachhandlungen/Mitteilungsbereiche:** Ausgewählte Begründungen erfolgen in Bezug auf Beobachtungen/Beweise etc. **Grammatische Umsetzungen/Aspekte für Redemittel:** Konjunktionen und Adverbien Satzkonstruktionen mit *dass …*, **Sprachstrukturen und Redemittel:** *…, weil …* *deshalb …* *das bedeutet …* *trotzdem denke ich, dass …* *daraus folgt, dass …* *deswegen …*

Sprachstrukturen

In der vierten Spalte des Planungsrahmens werden die Sprachstrukturen aufgeführt, die die Schülerinnen und Schüler benötigen, um die zuvor genannten Sprachhandlungen und Mitteilungsbereiche umzusetzen. Entsprechend findet sich hier eine große Vielfalt unterschiedlicher Strukturen, die sich planungspragmatisch ungefähr in folgende Typen einteilen lassen:

- Sprachstrukturen, die Sprachhandlungen *themenübergreifend* umsetzen können (z. B. *Wir wollten herausfinden, ...; Als Erstes ...; Wir haben das so gezeichnet, weil ...*); hierzu gehören auch Sprachstrukturen aus der oben aufgeführten Tabelle.
- Sprachstrukturen, die sich inhaltlich aus dem Thema ergeben, zugleich aber auch in anderen Themen verwandt werden können; entsprechend werden sie im Rahmen häufig als Satzteile mit Auslassungspunkten aufgeführt (z. B. *Es haben sich ... gebildet* oder *... länger als gestern*).
- Sprachstrukturen, die unmittelbar auf das jeweilige Thema bezogen sind und sozusagen Kerninhalte oder -zusammenhänge versprachlichen (z. B. *Die neue Pflanze entwickelt sich aus der Knolle* oder *... gehört zu den Nutzpflanzen, weil ...*).

Es bietet sich an, die beiden letzten Abschnitte des Planungsrahmens gleichzeitig zu füllen, um in diesem Prozess zu entscheiden, welche sprachlichen Mittel aufgenommen werden sollen und welche nicht. Lehrkräfte können sich hierbei Anregungen aus Texten von Sachunterrichtslehrwerken oder anderen Materialien holen, wenn sie die dort verwandten Sprachstrukturen zugleich kritisch auf ihre Eignung prüfen. Welche Sprachstrukturen man aus den vielfältigen Möglichkeiten ausgewählt, hängt von unterschiedlichen Aspekten ab. Hierzu gehören die Klassenstufe, die Einschätzung der bei den Kindern bereits vorhandenen Sprachstrukturen (unter Berücksichtigung der heterogenen Voraussetzungen in einer Klasse), eine daraus abgeleitete ‚Zone der nächsten Entwicklung' sowie spiralcurriculare Verknüpfungen zu vorangegangenen Planungsrahmen und Unterrichtseinheiten. Leitend ist bei der Auswahl der Sprachstrukturen, dass ihre Aneignung die Schüler in die Lage versetzen sollte, die Sprachhandlungen und Mitteilungsbereiche umzusetzen und das Thema des Unterrichts angemessen zu bearbeiten. Dabei handelt es sich notwendigerweise um eine ‚unscharfe' Formulierung und ihre Ausgestaltung bleibt Aufgabe der Lehrerinnen und Lehrer, die den Unterricht planen, durchführen und verantworten. Vollmer/Thürmann stufen eine Normierung oder Standardisierung bildungssprachlicher Gebrauchsmuster im Sinne von gestuften Kompetenzerwartungen als problematisch ein. Sie argumentieren, dass dies insgesamt weder dem Konstruktcharakter des Konzepts Bildungssprache noch einer auf zukünftige Entwicklungen zielenden Didaktik der Wissensgesellschaft gerecht werde (2013: 49 f.). Wir interpretieren dies auch als Hinweis darauf, dass Lehrerinnen bei der Planung bildungssprachlicher Mittel und Kompetenzen um das Problem der damit einhergehenden normativen Perspektive wissen müssen.[40] Entsprechend ist der sich aus fachlichen Kompetenzerwartungen für

40 Darüber hinaus schätzen Vollmer/Thürmann kritisch ein, dass Normierungen auch nicht der Diskrepanz zwischen rezeptiven und produktiven bildungssprachlichen Kompetenzerwartungen gerecht werden, wenn z. B. bildungssprachliche Gebrauchsmuster vereinfachend aus Texten herausgefiltert und zur schulischen Normierung verwandt werden (2013: 50). Insgesamt bleibt ein Spannungsverhältnis bestehen, das sich aus dem normativen Cha-

den Sachunterricht ergebene (bildungs-)sprachliche Erwartungshorizont als ein flexibler zu sehen, der das einzelne Kind im Blick hat und zugleich weder beliebig sein noch quasi in Form unausgesprochener Lehrererwartungen lediglich implizit bleiben sollte (siehe auch Tajmel 2013: 208 ff.). Vielmehr kann die Arbeit mit dem Planungsrahmen dafür genutzt werden, sich als Lehrerin der eigenen Erwartungen, die man im Verlauf des Unterrichts in sprachlicher Hinsicht an die Schülerinnen und Schüler stellt, bewusst zu werden und sich im Jahrgangsteam oder Lehrerkollegium darüber zu verständigen, was als ‚angemessen' anzusehen ist. Vor einem solchen Hintergrund erscheint ein pragmatischer Umgang mit dem Rahmenabschnitt der Sprachstrukturen sinnvoll, bei dem die – sich allerdings einander gegenüberstehenden – Aspekte ‚Fundament' und ‚reichhaltiges Angebot' eine gewisse Orientierung geben können: Auf der einen Seite sollten die aufgenommenen Sprachstrukturen es den Kindern ermöglichen, an der Erarbeitung der sachunterrichtlichen Kerninhalte sprachlich rezeptiv und produktiv teilzunehmen, auf der anderen Seite ist im Sinne sprachlicher Alternativen ein gewisses Überangebot an sprachlichen Mitteln aufzunehmen, sodass sich Anknüpfungspunkte und Differenzierungsmöglichkeiten für die unterschiedlichen sprachlichen Ressourcen der Kinder ergeben. Die im Kapitel 5 wiedergegebenen Rahmen sind in dem Sinne exemplarisch, als dass die Möglichkeiten des Planungsrahmens und die Chancen einer spiralcurricularen Arbeit veranschaulicht werden sollen. Sie sind jedoch eher zu ausführlich gestaltet. Einerseits erscheint es uns insgesamt sehr wichtig, die Frage des Umfangs im vierten Abschnitt zu den Sprachstrukturen als flexibel und ‚benutzerinnenfreundlich' zu verstehen. Andererseits hilft eine vorab erfolgte gründliche Klärung der Sprachstrukturen den Lehrkräften, begründete Entscheidungen in den vielen Situationen zu treffen, in denen sie im Unterricht oft spontan über die Gestaltung der eigenen Äußerungen oder das Aufgreifen, Umformen oder Bekräftigen von Äußerungen der Schülerinnen entscheiden müssen. Dieser Gesichtspunkt wird im Zusammenhang mit dem *Scaffolding* in Kapitel 4 noch einmal ausführlicher aufgegriffen.

Vokabular

Im letzten Abschnitt des Planungsrahmens wird schließlich das fachsprachliche *Vokabular* geplant, das die Kinder im Unterricht lernen oder festigen sollen. Hinsichtlich der Anordnung im Rahmen bieten sich hier wie auch beim Aufführen der Sprachstrukturen zwei unterschiedliche Möglichkeiten an. Entweder kann das Vokabular so angeordnet werden, dass es sich in einer horizontalen Lesart auf die vorangegangene Spalte bezieht, oder aber nach grammatischen Strukturen und Phänomenen wie Nominalisierung, Komposita, untrennbare Verben, trennbare Verben und reflexive Verben angeordnet werden. Letztlich ist dies pragmatisch zu entscheiden. Bei den Rahmen in Kapitel 5 haben wir versucht einen Mittelweg hinsichtlich dieser Anordnungen zu finden.

rakter des Begriffs ‚Bildungssprache' ergibt. Obwohl das Konzept gerade „nicht auf eine Hierarchie zwischen Sprachen und Sprechweisen, aus der sich soziale Hierarchien ableiten" (Gogolin u. a. 2011a: 16) gerichtet ist, bleibt es in gesellschaftliche Dominanzverhältnisse eingebunden, in denen eben dieses geschieht und Sprachen und Sprechweisen unterschiedliche gesellschaftliche Positionen zugewiesen werden. Für Pädagoginnen und Pädagogen stellt sich die Herausforderung, solche Widersprüche in ihre Reflexionen einzubeziehen (siehe auch Mecheril/Quehl 2015).

Bei der Planung und gegebenenfalls auch bei der Präsentation des Fachvokabulars sind die allgemeinen Regeln zur Wortschatzarbeit zu berücksichtigen: Substantive werden, wo dies sinnvoll ist, mit Artikel und ihrer Pluralform eingeführt/visualisiert; Adjektive werden als Attribut zum Substativ und ggf. exemplarisch in verschiedenen Formen genannt (*die giftige Beere, eine giftige Beere*); vor allem trennbare und reflexive Verben sollten in flektierter Form aufgeführt und verwendet werden (siehe Benholz/Rau 2011: 3 f.). Auch Kollokationen werden in der Spalte des Vokabulars aufgeführt, also jene miteinander kombinierten Wörter, die häufig gemeinsam auftreten. Im Kontext von Fachsprachen handelt es sich oft um Kombinationen, bei denen zumindest ein Wort ursprünglich der Alltagssprache zuzurechnen ist, z. B. *die Temperatur bestimmen, eine Gleichung aufstellen*.

Arbeitsweise mit dem Planungsrahmen

Mit der folgenden Grafik möchten wir die Erstellung des Planungsrahmens in den weiter gefassten Zusammenhang der Vorgehensweise in einer Unterrichtseinheit stellen:

Abb. 5: Arbeitsweise mit dem Planungsrahmen

- In einem ersten Schritt ist über das Unterrichtsthema und über gegebenenfalls vorgesehene fächerübergreifende Verknüpfungen zu entscheiden. Je nach Thema oder beispielsweise auch entsprechend anderer über die jeweilige Einheit hinausgehender Aspekte können hier ebenso weitere Entscheidungen, z. B. Akzentuierungen hinsichtlich der Methoden- oder Sozialkompetenz berücksichtigt werden, die von Beginn an in die Planung der Unterrichtseinheit einfließen sollen.

  Gleichzeitig erfolgt eine Bestandsaufnahme der sprachlichen Voraussetzungen in zweifacher Hinsicht: Zum einen hinsichtlich des Themas. Obwohl solche Klärungen detailliert erst bei der Rahmenerstellung selbst erfolgen, ergeben sich oft bereits zuvor erste Anhaltspunke durch im Lehrplan genannte Operatoren (z. B. *Die Schülerinnen und Schüler beschreiben Veränderungen in der Natur und stellen Entwicklungsphasen dar (z. B. Wasserkreislauf, Jahreszeiten).*[41] In anderen Fällen legt das Thema bestimmte sprachliche Schwerpunkte nahe, wie beim Thema ‚Stadtplan' lokale Präpositionen/Wechselpräpositionen. Zum anderen können hier die sprachlichen Voraussetzungen geklärt oder eingeschätzt werden, die die Kinder im Hinblick auf bestimmte Sprachhandlungen oder auch grammatische Phänomene mitbringen.

- Anschließend kann in der beschriebenen Weise mit dem Planungsrahmen gearbeitet werden. Dabei ist über die Aktivitäten zu entscheiden, es erfolgt eine Auswahl der relevanten Sprachhandlungen und Mitteilungsbereiche unter Berücksichtigung der beteiligten kognitiven Aktivitäten und die Übersicht über Sprachstrukturen und Vokabular wird entsprechend erstellt.
- Auf dieser Grundlage bzw. im Vorgriff auf oder parallel zur Arbeit mit den Planungsrahmen wird drittens über Unterrichtsschwerpunkte, einzelne Unterrichtsszenarien, Differenzierungen und die erforderlichen Materialien entschieden. Erfahrungsgemäß werden die hier getrennt und nacheinander aufgeführten Schritte der Aktivitätenplanung und der Entscheidungen über Unterrichtsschwerpunkte und -szenarien ineinander übergehen und sich gegenseitig beeinflussen. Oft haben Lehrkräfte bei der Planung mit dem Rahmen bereits erprobte Unterrichtsszenarien oder bewährtes Material im Blick. Andererseits werden sie beispielsweise nach der Klärung der erforderlichen Sprachhandlungen, -strukturen und des Vokabulars auch Unterrichtsszenarien und Materialien modifizieren.

  Ein wichtiger Aspekt der Planungsentscheidungen, der zugleich die Materialien betrifft, ist die mögliche Verwendung von Visualisierungen sprachlicher Strukturen oder des verwendeten Vokabulars.
- Parallel dazu ist zu klären, welche anderen ‚Anknüpfungspunkte' während der Unterrichtseinheit hergestellt oder genutzt werden sollen. Dazu gehört der Einbezug von Aktivitäten, die die Mehrsprachigkeit[42] der Kinder und die in der Schule unterrichtete Fremdsprache berücksichtigen. Darüber hinaus ist zu entscheiden, ob Deutsch-als-Zweitsprache-didaktische Schleifen vorzusehen sind. Schließlich ist zu klären und zu koordinieren, welche Aktivitäten im Rahmen der Offenen Ganztagsschule ergänzend durchgeführt werden können. Solche Anknüpfungspunkte werden in Kapitel 6 noch einmal erläutert.
- Der Unterricht wird durchgeführt. Die Arbeit mit dem Planungsrahmen ist im Grundschulbereich eng mit dem Unterrichtsarrangement des *Scaffolding* zur Verbindung sprachlichen und fachlichen Lernens verbunden (siehe z. B. Gibbons 2006a), das wir im nächsten Kapitel beschreiben.
- In einem letzten Schritt erfolgt die begleitende und/oder nachbereitende Evaluation. Dabei kann der Planungsrahmen mit seiner Übersicht über Sprachstrukturen und Vokabular zur Beobachtung herangezogen werden:

---

41 Aus dem Lehrplan Sachunterricht NRW, Kompetenzerwartungen am Ende der Klasse 4 (Ministerium für Schule und Weiterbildung NRW 2008: 43, Hervorh. T.Q./U.T.).

42 Eine Formulierung, die von der ‚Mehrsprachigkeit der Kinder' spricht, scheint uns am ehesten geeignet, voreilige Annahmen und Zuschreibungen über die unterschiedlichen sprachlichen Verhältnisse in den Familien der Schülerinnen und Schüler oder auch Hierarchisierungen der Sprachen zu vermeiden. Wir benutzen sie daher hier statt ‚Erstsprache' oder ‚Familiensprache' oder auch ‚nicht-deutsche Sprache'.

- Welche Sprachhandlungen konnten von den Kindern umgesetzt werden und auf welche Sprachstrukturen und welches Vokabular griffen sie dabei zurück?
- Welche *neuen* Sprachstrukturen und welches *neue* Vokabular konnten eingeführt und von den Kindern aktiv angewandt werden?
- Welche Formen des sprachlichen *Scaffolding* waren erfolgreich? (Siehe hierzu das nächste Kapitel.)
- Gelang es, den heterogenen Sprachvoraussetzungen der Kinder im Unterricht gerecht zu werden?

Welche Beobachtungs- und Evaluationsfragen man verwendet, hängt natürlich eng von der Gestaltung des Unterrichts ab. Ein Unterrichtsarrangement, das ermöglicht, sich im Sachunterricht auf den Weg zur Bildungssprache zu machen und die Kinder zu den im Planungsrahmen aufgeführten Sprachhandlungen unter Verwendung (bildungs-)sprachlicher Mittel anzuregen, stellen wir im Folgenden vor.

4. Das Unterrichtsarrangement des *Scaffolding* im Sachunterricht

In der hier beschriebenen Form schließt das Konzept des *Scaffolding* an die Arbeiten von Pauline Gibbons zum Planungsrahmen an, der zugleich als erster Schritt eines Prozesses verstanden werden kann, bei dem die Schülerinnen und Schüler sukzessive an die Verwendung bildungs- und fachsprachlicher Elemente herangeführt werden. Zu diesem Zweck wurde ein Unterrichtssetting entwickelt, bei dem die Lehrkräfte das fachliche und das sprachliche Lernen fortlaufend verbinden (z.B. Gibbons 1998/dt. 2006a; 2006b).

Die Bezeichnung *Scaffolding* – was sich mit ‚Gerüste bauen' übersetzen lässt – geht ursprünglich auf Forschungsarbeiten eines Teams um Jerome Bruner zurück (Wood u.a. 1976), mit dem metaphorisch die Interaktionsprozesse zwischen Müttern und Kindern beim Lösen komplexer Aufgaben beschrieben wurden. Die Mutter ermöglicht es dem Kind, in der Interaktion mit ihr zu Lösungen zu gelangen, zu denen es allein noch nicht in der Lage wäre. Diese Unterstützung wird sukzessive zurückgenommen, sodass das Kind die Aufgabe schließlich selbstständig lösen kann. Entsprechend steht im allgemeinen lerntheoretischen und didaktischen Verständnis *Scaffolding* für die unterstützende Begleitung des/der Lernenden bei gleichzeitiger Befähigung zu zunehmend selbstständigem Handeln.

Dies wird beim *Scaffolding*-Konzept, wie es in der Zweitsprachdidaktik entwickelt wurde, auf die Bildungssprache bezogen, d.h. man sieht die fortlaufende, mit dem fachlichen Lernen verbundene Aneignung der Bildungssprache als das ‚komplexe Problem' an, bei dem die Schülerinnen und Schüler unterstützt werden und diese Unterstützung wird zunehmend reduziert. Dabei kann eine solche Unterstützung sowohl innerhalb der einzelnen sprachlichen Interaktion mit dem Schüler oder der Schülerin, innerhalb der jeweiligen Unterrichtsstunde bzw. -einheit oder auch mittel- und langfristig über mehrere Unterrichtseinheiten hinweg erfolgen.

Die Perspektive des *Scaffolding* lässt sich entsprechend mit unterschiedlicher Reichweite auf mindestens vier Ebenen der Sprachbildung im Unterricht beziehen: Erstens kann sie auf der Ebene der Schul- und Unterrichtsentwicklung auf den Paradigmenwechsel bezogen werden, der aktuell unter den Konzeptionen der ‚durchgängigen Sprachbildung' und der ‚Bildungssprache' erfolgt und bei dem die Schule es sich zur Aufgabe macht, die für den Schulerfolg erforderlichen sprachlichen Kompetenzen *explizit* zu vermitteln; zweitens steht der Begriff für einen systematischen Einbezug der sprachlichen Mittel bei der Planung von Fachunterricht; drittens bezeichnet *Scaffolding* ein mehrstufiges Unterrichtsarrangement, bei dem der Übergang von der Alltags- zur Fach- und Bildungssprache sowohl von den Lehrkräften als auch von den Schülerinnen *bewusst* thematisiert, gestaltet und vollzogen wird, und viertens beschreibt *Scaffolding* die sprachlichen Interaktionen zwischen Lehrkraft und Schülern oder zwischen den Kindern und Jugendlichen untereinander, bei denen sie in ihrem sprachlichen Handeln unterstützt werden mit dem Ziel, zu Äußerungen zu kommen, zu denen sie zu diesem Zeitpunkt alleine noch nicht in der Lage wären.[43]

---

43 Siehe zu (1) Gogolin u.a. 2011b; Gogolin/Lange 2011; zu (2) z.B. Kniffka/Neuer 2008; Krämer 2009; Tajmel 2009; zu (3) z.B. Gibbons 2006a; Quehl 2009 und zu (4) z.B. Roth 2007; Quehl 2009.

Ingesamt wird beim *Scaffolding* eine soziale Perspektive auf Sprache, wie sie die systemisch-funktionale Linguistik einnimmt, mit einem sozialkonstruktivistischen Verständnis von Lernen in der Tradition der kulturhistorischen Psychologie Vygotskijs (2002) zusammengeführt.[44] In Abbildung 6 sind die wesentlichen Aspekte, die in das *Scaffolding*-Konzept nach Gibbons einfließen, zusammengefasst:

Abb. 6: Bezüge des *Scaffolding* zur Verbindung sprachlichen und fachlichen Lernens (aus Quehl/Trapp 2013: 27)

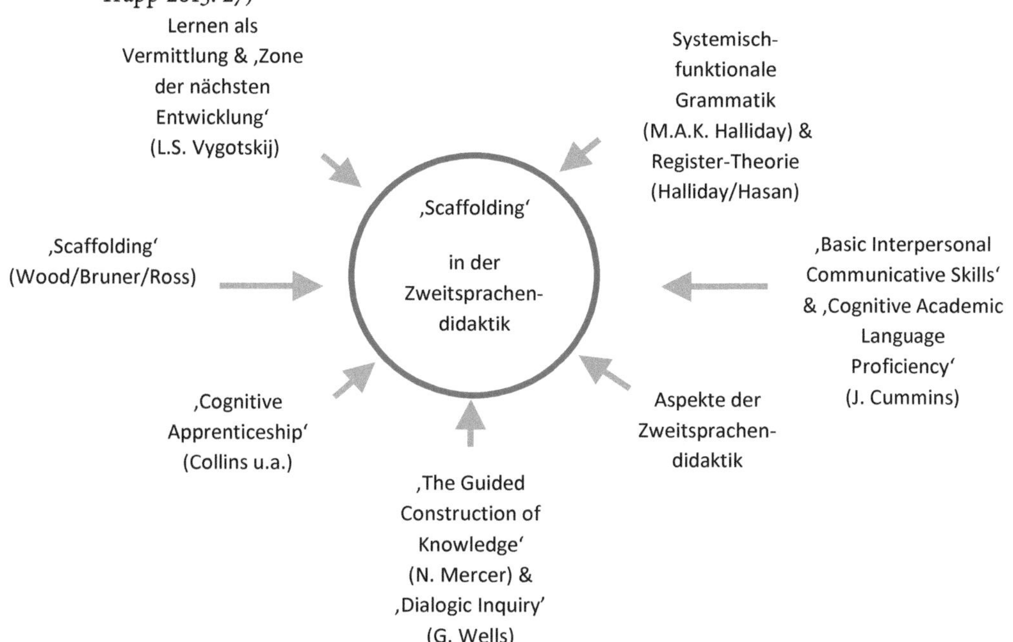

Beim Arrangement des *Scaffolding* werden die verschiedenen Unterrichtsaktivitäten in eine Abfolge gebracht, deren Gestaltung es ermöglicht, die Schülerinnen und Schüler zu Äußerungen anzuregen, die entlang des *mode continuum* angeordnet sind. Dadurch können die Kinder den Übergang von der Alltags- zur Fach- und Bildungssprache *bewusst* vollziehen und immer mehr bildungssprachliche Elemente in ihre Äußerungen und Texte aufnehmen. Die im zweiten Kapitel wiedergegebenen Texte 1 bis 3 sind einem solchen, am *Scaffolding*-Konzept orientierten Unterricht entnommen (vgl. auch Quehl 2009, 2010). Wir wählen hier bewusst die Formulierung eines *am Scaffolding-Konzept orientierten* Unterrichts, um zu verdeutlichen, dass die Phaseneinteilung der Unterrichtsaktivitäten entlang des *mode continuum* zwar als der Kerngedanke des Konzepts bei der Planung zu berücksichtigen ist, ihre konkrete Ausgestaltung aber zugleich flexibel sein sollte. Nach unserer Auffassung ergibt sich diese Flexibilität einerseits aus den unterschiedlichen thematischen Schwerpunkten des Sachunterrichts, aus der Einbettung in unterschiedliche Unterrichtsformen und auch aus der Verbindung mit den jeweils von der Lehrkraft praktizierten Unterrichtsroutinen. Andererseits erscheint es uns bedeutsam, die dem *Scaffolding*-Konzept zugrunde liegende Überlegung, dass Unterrichtsaktivitäten Situationen schaffen sollten, die zunehmend kontextunabhängige Äußerungen der Kinder *ermöglichen*, zu nutzen, um

44 Siehe für eine Darstellung des *Scaffolding*-Konzepts Quehl/Trapp 2013. Für einen ausführlichen Vergleich der systemisch-funktionalen Linguistik Hallidays und der kulturhistorischen Psychologie Vygotskijs siehe Wells 1999.

existierende Routinen und Praktiken des Sachunterrichts zu reflektieren. Im Folgenden möchten wir die Phasen des *Scaffolding* erläutern.[45]

Phase 1: Aktivitäten in kleinen Gruppen

In einer ersten Phase führen die Schülerinnen und Schüler Aktivitäten in kleinen Gruppen durch. Diese Aktivitäten sind in einer Weise aufeinander abgestimmt, dass die Kinder der verschiedenen Kleingruppen innerhalb eines Themas Erfahrungen machen, die so unterschiedlich sind, dass im anschließenden Unterrichtsgespräch in Phase 2 ein tatsächlicher Kommunikationsanlass besteht. Gleichzeitig sind sich die Aktivitäten jedoch noch so ähnlich, dass sich die Schüler im später folgenden Gespräch mit Fragen oder Erklärungen aufeinander beziehen und auch gegenseitig unterstützen können.

Für die Kinder ist es aufgrund der gemeinsam geteilten Situation in Phase 1 nicht notwendig, eine kontextunabhängige Sprache zu verwenden und sie können ihre Vorerfahrungen mit alltagssprachlichen Begriffen einbringen. Das Arrangement des *Scaffolding* unterscheidet sich in dieser ersten Stufe also sowohl von einem Unterrichtssetting, bei dem alle Schülerinnen an einer Reihe von gleichen Aktivitäten arbeiten, als auch von einem, bei dem die Schüler nacheinander eine größere Zahl von Aktivitäten durchlaufen wie dies beispielsweise bei sogenannten Werkstätten im Sachunterricht der Fall ist. Ersteres bringt das Problem mit sich, dass kein tatsächlicher Kommunikationsbedarf und so auch keine Notwendigkeit besteht, *sprachlich zu handeln* um von den anderen Kindern verstanden zu werden, da alle Beteiligten die gleichen Beobachtungen gemacht haben. Beim zweiten Unterrichtssetting besteht das Risiko, dass der Raum für eine gemeinsame sprachliche Interaktion zur inhaltlichen Klärung und zum sprachlichen Lernen nicht ausreicht, da die auszutauschenden Inhalte zu zahlreich sind. Beim *Scaffolding* wird hingegen ein Mittelweg beschritten, wenn die Lehrkraft bei der Konzeption der Phase 1 den Fokus auf die fachlichen Kerninhalte des jeweiligen Themas richtet. Je nach sachunterrichtlichem Schwerpunkt führen die Schülerinnen in der ersten Phase beispielsweise Experimente durch, sortieren unterschiedliche Elemente oder Abbildungen oder arbeiten mit Texten, Fotos und grafischen Darstellungen. Die Phase 1, in der die Kinder ihre Handlungen alltagssprachlich begleiten, dient also sowohl der *inhaltlichen* Einführung in das jeweilige Thema als auch der Schaffung einer gemeinsamen Erfahrungsgrundlage, an die in der folgenden Phase *inhaltlich und sprachlich* angeknüpft werden kann.

45 Wir greifen bei der Darstellung des *Scaffolding* auf eine dreiteilige Phaseneinteilung zurück (vgl. Gibbons 2006a). Es kann aber auch eine vierstufige Einteilung vorgenommen werden (siehe Lengyel 2010: 600 f.; die dort als zweite Phase separat aufgeführte Einführung in das fachliche Sprechen wird bei der Einteilung in drei Stufen der zentralen zweiten Phase des ‚angeleiteten Berichtens' zugerechnet).

Abb. 7: Phasen der Unterrichtsaktivitäten beim *Scaffolding*

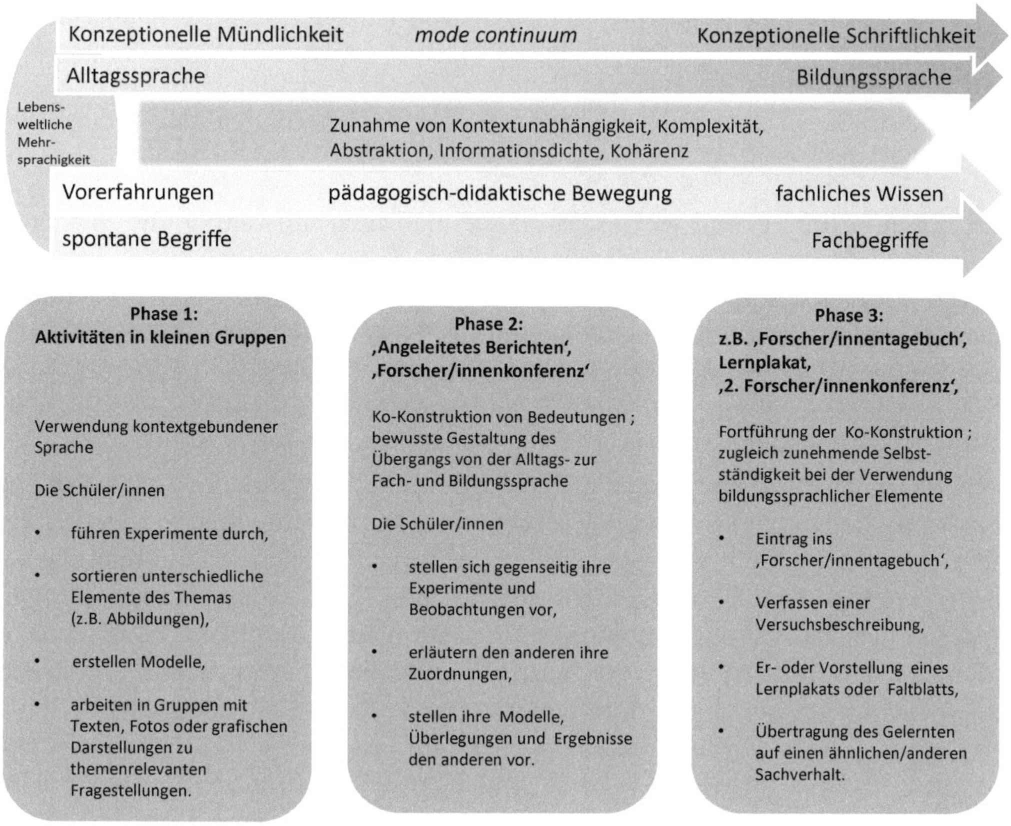

Konzeptionelle Mündlichkeit *mode continuum* Konzeptionelle Schriftlichkeit

Alltagssprache Bildungssprache

Lebensweltliche Mehrsprachigkeit

Zunahme von Kontextunabhängigkeit, Komplexität, Abstraktion, Informationsdichte, Kohärenz

Vorerfahrungen pädagogisch-didaktische Bewegung fachliches Wissen

spontane Begriffe Fachbegriffe

Phase 1: Aktivitäten in kleinen Gruppen

Verwendung kontextgebundener Sprache

Die Schüler/innen

- führen Experimente durch,
- sortieren unterschiedliche Elemente des Themas (z.B. Abbildungen),
- erstellen Modelle,
- arbeiten in Gruppen mit Texten, Fotos oder grafischen Darstellungen zu themenrelevanten Fragestellungen.

Phase 2: ‚Angeleitetes Berichten', ‚Forscher/innenkonferenz'

Ko-Konstruktion von Bedeutungen ; bewusste Gestaltung des Übergangs von der Alltags- zur Fach- und Bildungssprache

Die Schüler/innen

- stellen sich gegenseitig ihre Experimente und Beobachtungen vor,
- erläutern den anderen ihre Zuordnungen,
- stellen ihre Modelle, Überlegungen und Ergebnisse den anderen vor.

Phase 3: z.B. ‚Forscher/innentagebuch', Lernplakat, ‚2. Forscher/innenkonferenz',

Fortführung der Ko-Konstruktion ; zugleich zunehmende Selbstständigkeit bei der Verwendung bildungssprachlicher Elemente

- Eintrag ins ‚Forscher/innentagebuch',
- Verfassen einer Versuchsbeschreibung,
- Er- oder Vorstellung eines Lernplakats oder Faltblatts,
- Übertragung des Gelernten auf einen ähnlichen/anderen Sachverhalt.

Phase 2: ‚Angeleitetes Berichten'/‚Forscher/innenkonferenz'

In der zweiten Phase berichten sich die Schülerinnen und Schüler gegenseitig von ihren Aktivitäten. Dabei wird die inhaltliche Ebene aus Phase 1 fortgeführt, nun aber um die Aufmerksamkeit auf deren sprachliche Darstellung ergänzt. Die sprachlichen Mittel, die die Schülerinnen benutzen, verschieben sich auf dem Spektrum des *mode continuum* in Richtung der konzeptionellen Schriftlichkeit, da z. B. die Gegenstände eines Experiments nicht mehr unmittelbar vorhanden sind. Wie Text 2 (siehe Seite 19) illustrierte, müssen folglich mehr Bedeutungen explizit gemacht werden. Gibbons (2006a: 276 f.) beschreibt die Interaktion zwischen der Lehrkraft und den Schülern in dieser Phase als ein ‚angeleitetes Berichten'. Zwar werden die Bedeutungen gemeinsam im Sinne einer Ko-Konstruktion hergestellt, doch geht die Initiative für die sprachlichen Äußerungen auf das berichtende Kind über. Dadurch wird die Kommunikation in einer Weise verändert, die es den Lernenden ermöglicht, mehr Verantwortung für die sprachliche Interaktion zu übernehmen und dabei auch zu längeren Äußerungen zu kommen, als dies in einer ‚lehrerzentrierten kommunikativen Ordnung' (Becker-Mrotzek/Vogt 2009: 180 ff.) möglich ist.

> „In einem Unterricht nach dem Ansatz von Gibbons kontrolliert die Lehrkraft zwar das Thema im Hinblick auf seine Gesamtentwicklung, doch übernimmt in der Phase der Ko-Konstruktion ein Schüler bzw. eine Schülerin […] die Rolle des/der ‚Hauptwissenden' (Gibbons 2006[a]: S. 283) (…) der Lehrkraft gelingt [es], eine Brücke zu schlagen zwischen den alltäglichen und den bildungssprachlichen Redemitteln und dabei ein gemeinsam geteiltes Wissen zu konstruieren. Dies ist zugleich eine Inszenierung sozialer Partizipation, indem der Ort des Wissens

> vorübergehend auf einen Schüler bzw. eine Schülerin verschoben wird. Den Lernenden gibt die Ko-Konstruktion Gelegenheit, mit ihren sprachlichen Beiträgen Verantwortung zu übernehmen, da sie damit ‚öffentliches Wissen' erzeugen und zur inhaltlichen Entwicklung des Themas beitragen. Gleichzeitig erfahren sie, dass das Aushandeln von Bedeutung gemeinsame Wissenskonstruktion ermöglicht" (Lengyel 2010: 604).

Vor diesem Hintergrund wird es möglich, aber auch notwendig, die Verschiebung auf dem *mode continuum* mit den Kindern zu thematisieren – ‚*über das Sprechen zu sprechen*' – und so die Bedingungen für das *bewusste* sprachliche Handeln zu schaffen. Im Gesprächsraum des *Scaffolding* wird von Lehrerinnen und Schülern bewusst sprachlich gehandelt, wenn inhaltliche Bedeutungen in ihrer engen Verknüpfung mit sprachlichen gemeinsam hergestellt werden – man könnte auch sagen: wenn sie in der Interaktion verhandelt werden.

Am Anfang der Phase 2 weist die Lehrerin die Schülerinnen explizit auf dieses ‚Sprechen wie Forscherinnen und Forscher' hin. Die berichtenden Kinder werden gebeten ‚laut', ‚deutlich' und ‚verständlich' zu sprechen und die Zuhörer entsprechend ermuntert, auf Verständlichkeit zu achten, gegebenenfalls nachzufragen und sich gegenseitig zu unterstützen. Dies kann im Gesprächskreis geschehen oder in einer sogenannten ‚Forscherinnen- und Forscherkonferenz', die durch einen Kittel oder ein Mikrofon in den unteren Klassenstufen zusätzlich in Szene gesetzt werden kann. Mithilfe des Planungsrahmens hat sich die Lehrerin selbst auf diese Phase 2 vorbereitet. Der entsprechende Ausschnitt des Rahmens stellt ein ausgewähltes und begründetes Repertoire an (fach-)sprachlichen Mitteln bereit, mit denen die Kinder bei der Verschiebung auf dem *mode continuum* unterstützt werden; sei es in Form von Visualisierungen (Wortkarten), sei es nicht zuletzt durch den Umstand, dass die Lehrerin aufgrund der Rahmenerarbeitung gut darauf vorbereitet ist, in der sprachlichen Interaktion mit den Kindern reflektiert zu agieren und passende sprachliche Mittel auszuwählen.

Die Phaseneinteilung ermöglicht es den Kindern, selbst die Erfahrung zu machen, dass die Sprache z. B. bei der Durchführung des Experiments und beim Berichten darüber Unterschiedliches ‚leistet' – im Sinne dessen, was Halliday *mode* nennt – und in unterschiedlichem Maße Bedeutungen explizit machen muss, sich also immer mehr von einem gegebenen, gemeinsamen Kontext löst. Beim *Scaffolding* wird die Veränderung des *mode* (*mode shifting*) und somit der Übergang von alltagsprachlichen zu fach- und bildungssprachlichen Formulierungen auf zwei Ebenen vollzogen: über die drei Phasen hinweg – Gibbons nennt dies das *macro-mode shifting* – und innerhalb der Interaktionen der Phase 2 – als ein *micro-mode shifting* (vgl. Gibbons 2006b: 123 f.). In diesen Interaktionen hat das ‚berichtende' Kind die Möglichkeit, seine Äußerungen zu verändern, zum einen aufgrund von Nachfragen, zum anderen aufgrund des eigenen Bedürfnisses, von den Zuhörenden besser und genauer verstanden zu werden. Pauline Gibbons setzt die Gestaltung der Phase 2 folgendermaßen in Beziehung zur Zweitspracherwerbsforschung:

> „... es [ist] für Zweitsprachlernende wichtig [...], Möglichkeiten zu haben, das Gesagte zu modifizieren, um ihre Rede für die Zuhörenden verständlicher, kohärenter und syntaktisch richtiger oder klarer zu machen. Diese Aufmerksamkeit für den Output erlaubt es der Lernenden, sich ‚zu strecken', denn sie ist angehalten – wird gewissermaßen ‚nach vorne getrieben',– sich sowohl um die syntaktische als auch die inhaltliche ‚Bearbeitung' zu kümmern. Die Implikation für den Unterricht [...] ist nicht, dass die ‚Form' der Sprache selbst ein zentraler Fokus des Unterrichts wer-

> den sollte, sondern dass es für die Schüler/innen wichtig ist, manchmal Gelegenheiten zu erhalten, ihre Rede zu ‚dehnen' und in Zusammenhängen zu sprechen, in denen ein ‚Druck' gegenüber ihren sprachlichen Ressourcen besteht und in denen sie sich zum Vorteil ihrer Zuhörer/innen nicht nur auf den Inhalt des Gesagten, sondern auch auf die Art und Weise, in der sie es sagen, konzentrieren müssen" (2006a: 274).

Diese Beschreibung ist nicht nur ein anschaulicher Hinweis auf das hierin eingegangene *dynamische* Verständnis der ‚Zone der nächsten Entwicklung'[46], sondern verdeutlicht auch noch einmal die Verknüpfung zwischen sprachlicher Handlungsfähigkeit und Aspekten von Anerkennung und Partizipation. Denn nur eine entsprechende dialogische und vertrauensvolle Atmosphäre im Gesprächsraum des *Scaffolding* ermöglicht es den Kindern ‚etwas zu riskieren'. Die Teilnahme am Gespräch ist Anlass und Motivation, doch zugleich auch Unterstützung für jenes ‚Strecken' und ‚Dehnen' der eigenen sprachlichen Ressourcen.[47] Wenn die Mitschüler und die Lehrerin nachfragen und zur präziseren Darstellung ermuntern, kommt es zu einer Ko-Konstruktion von Bedeutungen im Dialog – wie umgekehrt diese dialogische Situation Bedingung dafür ist ‚riskante' Schritte zu gehen.

Die Lehrkraft kann diese Prozesse und das dabei erfolgende *micro-mode shifting* auf unterschiedliche Weise unterstützen (vgl. Gibbons 2006b: 125 ff.):

- Beim *Sprechen über das Sprechen (making the new register explicit)* wird die grundlegende Voraussetzung für das *mode-shifting* hergestellt.
- Beim *Umformulieren durch die Lehrerin (recasting)* erfolgt gewissermaßen ein ‚Gerüstbau in der Interaktion' – ähnlich den Interaktionsprozessen zwischen Erwachsenen und Kindern beim natürlichen Erstspracherwerb. Wenn die Pädagogin eine Äußerung des Kindes umformuliert, die dieses bereits in seiner Alltagssprache formuliert hat, kann das Kind die neue Formulierung ‚lernaktuell' in die eigene Äußerung einbauen, ohne dass der Fluss der Kommunikation unterbrochen wird. Untersucht man

  > „die Übergänge (*mode shifts*) […], dann ergibt sich eine linguistische Perspektive auf eine Möglichkeit, wie sich ein verständlicher Sprachinput zusammen mit dem beispielhaften Zeigen neuer sprachlicher Mittel erreichen lässt. […] die alltagssprachlichen und fach- und bildungssprachlichen Codes greifen ineinander und führen zu einem gemischten Register. Ich schlage vor, die Art und Weise, in der die Register mit dem Ergebnis eines solchen gemischten Diskurses ineinandergreifen, als einen wichtigen Faktor beim erfolgreichen Erlernen neuer bildungssprachlicher Register durch die Schülerinnen und Schüler zu sehen. Darüber hinaus entspricht dies dem Konzept der Zone der nächsten Entwicklung mit seinem Fokus sowohl auf jenen Fähigkeiten, die der Schüler mitbringt, als auch auf jenen, die die Aufgabe erfordert" (Gibbons 2006b: 130 f.).

- Mit einer *direkten Unterstützung durch Fachformulierungen* oder mit einer *indirekten Bereitstellung von Fachsprache durch Umformulierungen* kann die

46 So führt Harry Daniels aus: „Aus dem Begriff *Scaffolding* ließe sich ein einseitiger Prozess ableiten, bei dem der ‚Gerüstbauer' das Gerüst alleine konstruiert und dem Lernenden zur Nutzung vorlegt. Newman u. a. (1989) vertraten die Auffassung, dass die Zone der nächsten Entwicklung eher durch Aushandeln zwischen dem kompetenteren Partner und dem Lernenden geschaffen wird als dadurch, dass das Gerüst als eine Art Klettergerüst aus Fertigteilen vorgesetzt wird" (2001: 59).

47 Siehe für Beispiele aus dem Unterricht einer 4. Klasse Quehl 2009 und einer 3. Klasse Quehl/Trapp 2013.

Lehrkraft in ähnlicher Weise die Aufnahme fachsprachlicher Elemente in die Äußerungen der Schülerinnen und Schüler anregen.

- Bei der *Ermutigung zu längeren und/oder fachlichen Äußerungen (reminding and handing over)* ergeben sich Möglichkeiten einer differenzierten und individuellen Unterstützung. Denn Umformulierungen durch die Lehrerin müssen nicht in jedem Fall als ein direkter Input erfolgen. Vielmehr können sie auch nur angeregt oder erfragt werden, insbesondere dann, wenn die Lehrerin davon ausgeht, das Kind könne bereits selbstständig eine kontextunabhängige Sprache oder Fachbegriffe benutzen und müsse lediglich daran erinnert werden.

Es erscheint uns sinnvoll, die zweite Phase des *Scaffolding* hier noch einmal unter einer Perspektive in den Blick zu nehmen, die einen Anschluss an Arbeiten der Zweitspracherwerbsforschung und -didaktik herstellt. Zu diesem Zweck setzen wir in Abbildung 8 die genannten Unterstützungformen in Beziehung zu *Input-Interaktion-Output*-Modellen, die in diesen Feldern traditionell bedeutsam sind. Die Arbeiten zu den Hypothesen über die Bedeutung der verschiedenen Elemente der Input-Interaktion-Output-Sequenz für das Zweitsprachlernen – zum *verständlichen Input* (Krashen 1982), zur *Verhandlung von Bedeutungen in der Interaktion* (z. B. Long 1983) und zum *verständlichen Output* (z. B. Swain 1985) – waren für die Entwicklung der Zweitspracherwerbsforschung bedeutsam, zumal sie weitreichende Konsequenzen für die Unterrichtsgestaltung hatten. In der Rückschau lassen sie sich allerdings als Akzentverschiebungen verstehen, bei denen sich die Akzente vom Input zum Output und von der Sprachrezeption zur -produktion verlagerten „und damit auch vom Inhalt zur Form der Sprache, ohne dass dabei das jeweils erstgenannte Phänomen aufgegeben würde“ (Rösch 2011: 29).[48]

Die Unterstützungen, die durch die Lehrkraft oder die anderen Schülerinnen im gemeinsamen Gespräch des *Scaffolding* erfolgen, lassen sich als *‚Verhandlungen‘ in der Interaktion* verstehen, bei denen Bedeutungen eingeführt oder geklärt werden. Zugleich wird die Aufmerksamkeit des Kindes bzw. der Kinder auf bestimmte sprachliche Elemente gerichtet und der aufgenommene Input kann durch diese sprachliche Interaktion zu einem ‚verstandenen Input‘ werden, der als solcher wiederum in das sprachliche Repertoire aufgenommen werden kann. Im anschließenden (modifizierten) Output werden Hypothesen über die sprachlichen Formen getestet und können verändert werden. Merill Swain argumentiert, dass „Output die Lernenden dazu bringt, Sprache gründlicher zu verarbeiten – mit einer größeren mentalen Anstrengung –, als dies beim Input geschieht. Beim Output verfügt die Lernende über die Kontrolle“ (2000: 99) und kann ihre sprachlichen Ressourcen ‚dehnen‘ um die Ziele der Kommunikation zu erreichen. Im Setting der ‚Forscher- und Forscherinnenkonferenz‘ kann der

48 Siehe für eine Übersicht Rösch 2011: 27 ff. und für eine ausführliche Darstellung Gass 1997. Gibbons (2006a, 2006b) bezieht Überlegungen zum Verhältnis von Input, Interaktion und Output wesentlich in die Entwicklung des *Scaffolding*-Modells mit ein. Da dem sozialkonstruktivistischen Verständnis von Lernen im *Scaffolding* eine zentrale Rolle zukommt, erscheint es allerdings wichtig darauf hinzuweisen, dass die Auseinandersetzung mit Input-, Interaktions- und Output (-Hypothesen) im Rahmen einer kognitionspsychologischen Perspektive erfolgte. In jüngerer Zeit wurde jedoch hervorgehoben, dass es sehr sinnvoll ist, nach Überschneidungen sozialkonstruktivistischer Perspektiven im Sinne der kulturhistorischen Tradition einerseits und Input-Interaktion-Output-Modellen andererseits zu suchen und sie in Ergänzung zueinander zu sehen (siehe Pavlenko/Lantolf 2000: 156; Swain 2000: 99 ff.; Block 2003: 105 ff.).

Output so nicht nur zu einem weiteren Input werden – entweder für die anderen Kinder oder für das jeweils sprechende Kind selbst –, sondern es zeigt sich auch, dass der Output selbst ein im *gemeinsamen Dialog* vermittelter ist.

Abb. 8: Sprachliche Interaktionen und Input-Interaktion-Output-Beziehungen beim Mikro-*Scaffolding*

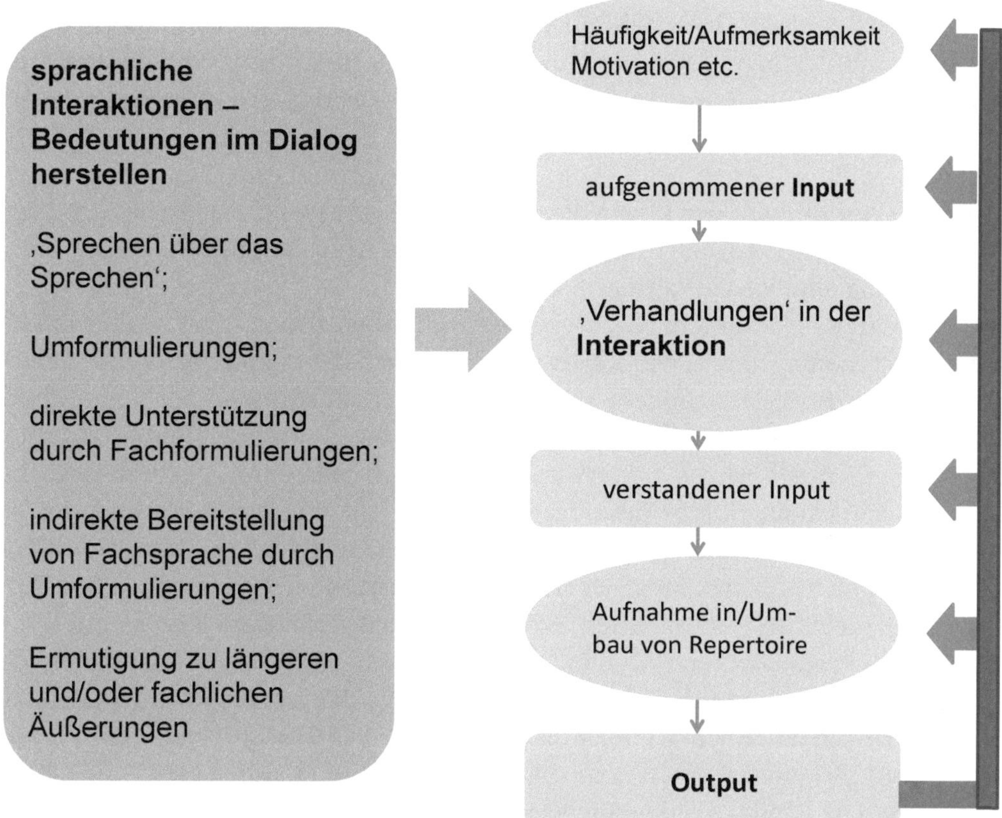

> „...Der Sprechende ist beim ‚Sagen' kognitiv an der Herstellung von Bedeutung beteiligt; es erfolgt eine kognitive Handlung. ‚Sagen' jedoch produziert eine Äußerung, auf die nun geantwortet werden kann – von anderen oder von einem selbst ... ‚was gesagt wurde' ist nun ein tatsächliches Produkt, das vom Sprecher oder von anderen weiter erkundet werden kann" (Swain 2000: 102).

Auf diese Weise wird das Gesagte – der Output – wiederum ein Teil der Input-Interaktion-Output-Sequenz, wobei die Lernenden Hypothesen testen, sich selbst korrigieren oder auf die Korrekturen anderer reagieren können. Bei der Gestaltung der für das *Scaffolding* zentralen zweiten Phase werden solche Prozesse angeregt und genutzt. Dies geschieht, wenn die Schüler sich im naturwissenschaftlichen Bereich gegenseitig Experimente und Beobachtungen vorstellen. Es kann aber auch innerhalb anderer thematischer Schwerpunkte erfolgen, wenn die Kinder sich von den in Phase 1 durchgeführten Aktivitäten berichten oder den anderen Kindern ihre Überlegungen und Vorerfahrungen darstellen.

Phase 3: Unterschiedliche Anlässe zum Gebrauch kontextunabhängiger Sprache

In der dritten Phase des *Scaffolding* wird der Situationskontext so verändert, dass die sprachlichen Äußerungen der Schülerinnen und Schüler auf dem *mode con-*

tinuum noch einmal in Richtung kontextunabhängiger Sprache/konzeptioneller Schriftlichkeit verschoben werden können bzw. auch müssen. Wenn die Kinder in ihr ‚Forscher- und Forscherinnentagebuch' schreiben, eine Versuchsbeschreibung verfassen oder ein Lernplakat gestalten und beschriften, können sie die Sprachstrukturen und fachsprachlichen Elemente aus der Phase 2 verwenden. Gleichzeitig verändern sich aber auch die Bedingungen des *mode* durch den Wechsel von der mündlich gebrauchten zur schriftlichen Sprache. Somit wachsen die Anforderungen, die die Kinder erfüllen sollen, insgesamt in zweierlei Hinsicht: Zum einen wird auf der Sprachebene entsprechend dem *macro-mode shifting* über die drei Phasen hinweg der Gebrauch einer Sprache erforderlich, die noch einmal in höherem Maße kontextunabhängig ist als sie es in Phase 2 war. Zum anderen wird auf der Ebene des Lehr-Lern-Prozesses ‚das Gerüst zurückgebaut' und die Schülerinnen und Schüler sollen die Aufgaben in Phase 3 mit mehr Selbstständigkeit lösen als zuvor.

Das Schreiben in einem ‚Lerntagebuch' (Gibbons 2006a: 277) – oder einem ‚Forscher/innentagebuch', wie wir es nennen – wird dabei nicht als Verfassen eines formalen Textes verstanden, sondern die Kinder bekommen die Gelegenheit, sprachliche Elemente aus der Phase 2 in Verbindung mit einer Vergewisserung ihres inhaltlichen Lernens zu verwenden, zu üben und damit auch zu festigen. Die Lehrerin erhält durch diese Tagebücher gleichzeitig einen Einblick in die sprachlichen (und inhaltlichen) Lernprozesse, da „sie Belege für das ‚Aufgreifen' der Zweitsprache liefern, insofern sie Formulierungen wiedergeben, die im Prozess der gemeinsam ‚verhandelten' Schüler-Lehrer-Interaktionen entstanden …" (ebd.).

Auch das Schreiben einer Versuchsbeschreibung als einer anderen Möglichkeit für Phase 3 verstehen wir weniger als das Erlernen des entsprechenden Genres, sondern als Möglichkeit, sich dem später in der Sekundarstufe erwarteten Genre zu *nähern*. Die Kinder greifen auch hierbei auf ihre Beschreibungen aus Phase 2 zurück und nehmen sprachliche Elemente aus der ‚verhandelten' Interaktion auf. An dieser Stelle lässt sich noch einmal recht gut skizzieren, was wir zuvor als die Chance des Sachunterrichts, eine *Annäherung* an fach- und bildungssprachliche Äußerungen zu *ermöglichen*, beschrieben haben: Wenn die Kinder in ihrem Forscher- und Forscherinnentagebuch über ihren Versuch schreiben oder aber eine ‚Versuchsbeschreibung' verfassen, geschieht dies in jenem von Pauline Gibbons zuvor beschriebenen ‚gemischten Register', bei dem alltags- und bildungssprachliche Elemente ineinandergreifen und das als ein wichtiger Faktor beim Erlernen neuer bildungssprachlicher Register gesehen werden kann (vgl. 2006b: 130 f.). Wichtig erscheint, dass die Schüler in ihre schriftlichen Texte der Phase 3 sowohl themen*spezisches* Fachvokabular als auch Sprachstrukturen und Redemittel aufnehmen, die themenübergreifend verwandt werden können (z. B. *Wir haben beobachtet, dass …; Wir vermuten, dass …; Es könnte sein, dass …; Als Erstes …*). Bei der dritten Phase des *Scaffolding* wird an dieser Stelle also auf den Output und den ‚Abbau des Gerüsts', das in der Interaktion der Forscher- und Forscherinnenkonferenz noch gegeben war, fokussiert und die Phase 3 erfordert ein selbstständigeres, *sehr bewusstes* sprachliches Handeln. Bei Partnerarbeiten kann durch die Form des Schriftlichen die bewusste Gestaltung der Äußerungen weiter intensiviert werden.

Der Sachunterricht belässt es bei zahlreichen seiner Schwerpunkte aber nicht bei den zu Beginn einer Unterrichtseinheit durchgeführten Aktivitäten, z. B. einem Experiment, sondern die fachlichen Kerninhalte nehmen in ihrer Komplexität und ihrem Abstraktionsgrad zu. In anderen Worten: nicht nur in sprachlicher, sondern auch in fachlicher Hinsicht kommt es zu einer inhaltlichen Ablösung von einem gegebenen, greifbaren Kontext (siehe Text 3 auf Seite 19) – das ist der Prozess, den wir mit einer ‚pädagogisch-didaktischen Bewegung' bei der Überführung der Vorerfahrungen in fachliches Wissen beschrieben haben. Nach der ‚Forscher- und Forscherinnenkonferenz' werden also in unterschiedlicher Weise und in unterschiedlicher Form Kerninhalte des jeweiligen Unterrichtsthemas erarbeitet, wobei einerseits auf sprachliche Elemente der Phase 2 zurückgegriffen werden kann, andererseits aber auch weitere Sprachstrukturen und fach- und bildungssprachliche Elemente zur Umsetzung der Sprachhandlungen und Mitteilungsbereiche benötigt werden. Aus diesem Grunde stellt es unserer Auffassung nach keinen Widerspruch dar, wenn je nach Komplexität und zunehmendem Abstraktionsgrad des Themas sowohl weiterhin eine Ko-Konstruktion von Bedeutungen erfolgt, während es den Kindern durch die Gestaltung der Aufgaben aber auch ermöglicht wird, Inhalte und Gelerntes selbstständiger zu präsentieren.

Eine Aufgabenform, die eine solche doppelte Funktion gut erfüllt, ist die Gestaltung eines Lernplakats. Da ein Lernplakat in der Regel knappe Formulierungen erfordert, ‚lohnt es sich' für die Kinder nach Sätzen oder z. B. nach Stichpunkten für Aufzählungspunkte zu suchen, in denen die Informationen verdichtet dargestellt werden. Die Lehrkraft kann hier gut die zuvor genannten Unterstützungsformen verwenden und das Lernen der Schüler differenzierend fördern. Zugleich sind Einträge ins Forscher- und Forscherinnentagebuch, die Gestaltung eines Lernplakats oder auch das Verfassen eines Faltblatts Schreibaufgaben, die als verhältnismäßig authentische Texte einen kommunikativen Zweck erfüllen und gleichzeitig hinsichtlich ihres Umfangs so überschaubar sind, dass es sich für die Schülerinnen ‚lohnt' und ihnen bewältigbar erscheint, an der verwandten Sprache zu arbeiten. Ob diese Texte von den Kindern als motivierend und als authentisch erfahren werden, hängt natürlich wie bei anderen Werken der Schüler auch davon ab, inwieweit es gelingt, sie einzubinden in Formen der Würdigung in der Klasse oder auch bei der Präsentation in anderen Klassen(stufen) und der Schulöffentlichkeit.[49]

Je nach Komplexität und Abstraktionsgrad des Inhalts ist es aber auch sinnvoll, ein Lernplakat für eine ‚2. Forscher- und Forscherinnenkonferenz' zu nutzen. Gute Erfahrungen wurden mit einem Ablauf gemacht, bei dem das Lernplakat zuerst gemeinsam erarbeitet wurde, dann in einem zweiten Schritt von den Kindern in Partnerarbeit auf Flipchart-Papier übertragen und schließlich von ihnen in einer solchen ‚2. Forscher- und Forscherinnenkonferenz' präsentiert wurde.[50] Die grafische Gestaltung stellt für das sprechende Kind eine inhaltliche Orientierung und relative inhaltliche Entlastung dar, sodass es ihm möglich wird, mehr Aufmerksamkeit auf die sprachliche Gestaltung des Inhalts zu richten. Das fachliche Lernen wird gleichzeitig durch den visuellen Zugriff unterstützt im Sinne dessen, was Gibbons die ‚Reichhaltigkeit der Information' *(message abundancy)* (2006b: 55) nennt. Aufgrund der inhaltlichen Komplexität bleibt in einer solchen ‚2. Forscher- und Forscherinnenkonferenz' die sprachliche Herausforderung bestehen und die Schüler erhalten die Gelegenheit, sowohl –

49 Auch der Eintrag ins ‚Lern-/Forscher- und Forscherinnentagebuch' ist insofern kommunikativ, als dass er der Vergewisserung des eigenen Lernens dient. Wichtig ist im Zusammenhang dieser Texte der Phase 3 darüber hinaus die Nutzung fächerübergreifender Aspekte, z. B. des Zeichnens und der Arbeit mit dem Computer.

50 Text 3 (Seite 19) ist ein Ausschnitt einer solchen ‚2. Forscher- und Forscherinnenkonferenz' zum Thema Erderwärmung (siehe auch Quehl 2009, 2010) sowie zur Darstellung des Wasserkreislaufs in einer ‚2. Forscher- und Forscherinnenkonferenz' Quehl/Trapp 2013).

wenn notwendig – Bedeutungen in der Ko-Konstruktion herzustellen als auch zu längeren, kohärenteren Äußerungen und damit zu Äußerungen zu kommen, die mehr Selbstständigkeit bei der Anwendung fach- und bildungssprachlicher Mittel verlangen.

Die beschriebene Phaseneinteilung des *Scaffolding*-Konzepts ist in die Gestaltung und Anordnung der Unterrichtsaktivitäten der im nächsten Abschnitt wiedergegebenen Planungsrahmen eingegangen.

5. Exemplarische Planungsrahmen

Es werden im Folgenden zu den drei sachunterrichtlichen Themenbereichen *Ernährung*, *Pflanzen* und *Wasser* exemplarische Rahmen für die Klassenstufen 1 bis 4 vorgestellt. Mit dieser Auswahl sollen die zuvor beschriebenen Zusammenhänge konkretisiert werden und sie sollen als Anregung und Ermunterung für die Erstellung eigener Planungsrahmen dienen. Die vier Rahmen in einem Themenbereich zeigen gleichzeitig, wie die fachlichen und sprachlichen Aspekte sich jeweils spiralcurricular und somit sich auch in ihrer Verbindung spiralcurricular im Laufe der Schuljahre entwickeln. Um diesen spiralcurricularen Aspekt zu verdeutlichen, wurden folgende Kennzeichnungen in den Rahmen vorgenommen:

- Sprachstrukturen, die themenübergreifend verwandt werden können, werden unterstrichen aufgeführt;
- *Sprachstrukturen und Vokabular, die bereits innerhalb desselben Planungsrahmens – also im Verlauf derselben Unterrichtseinheit – oder aber in einem Rahmen desselben Themenbereichs in einer vorangegangenen Klassenstufe berücksichtigt wurden, sind kursiv aufgeführt.*

Wichtig erscheint uns an dieser Stelle noch der Hinweis, dass die hier aufgeführten Planungsrahmen zum Teil umfangreich sind. Grund dafür ist das Anliegen, die unterschiedlichen Facetten der Rahmenarbeit wie die spiralcurricularen Möglichkeiten, die Verbindung mit dem *Scaffolding*-Konzept und die Verwendung unterschiedlich komplexer Sprachstrukturen beispielhaft mit den hier vorgestellten Rahmen zu illustrieren. Zudem wurden auch innerhalb des jeweiligen Themenbereichs in einer Jahrgangsstufe unterschiedliche inhaltliche Alternativen aufgenommen. Bei der Einschätzung des Umfangs eines Planungsrahmens ist schließlich auch zu bedenken, dass sich die aufgeführten Sprachstrukturen sowohl auf den rezeptiven Bereich des Hörens und Lesens als auch auf den produktiven Bereich des Sprechens und Schreibens beziehen. Damit sind die Sprachstrukturen – gerade wenn es um den Aspekt der sprachlichen Alternativen geht – immer eine Lern*gelegenheit.* Einige Schülerinnen und Schüler werden eine bestimmte Sprachstruktur, die im Plaungsrahmen aufgeführt ist, bereits produktiv anwenden können, während andere Kinder, für die eine aktive Anwendung dieser Struktur in ihrer ‚Zone der nächsten Entwicklung' im Sinne Vygotskijs liegt, die Möglichkeit haben, sie von der Lehrkraft oder den Mitschülerinnen rezeptiv zu hören und gegebenfalls in einem Text auch zu lesen.

Darüber hinaus gehen wir davon aus, dass Planungsrahmen – nicht nur individuell von einzelnen Lehrkräften, sondern gemeinsam mit Kolleginnen und Kollegen, beispielsweise auch in professionellen Lerngemeinschaften (vgl. z. B. Rolff 2008: 83 ff.; Hintzler u. a. 2009) erstellt, erprobt und weiterentwickelt werden. Dies ist auch planungsökonomisch sehr wichtig.

Abb. 9: Spiralcurriculare Entwicklung der Themen im Bereich Pflanzen

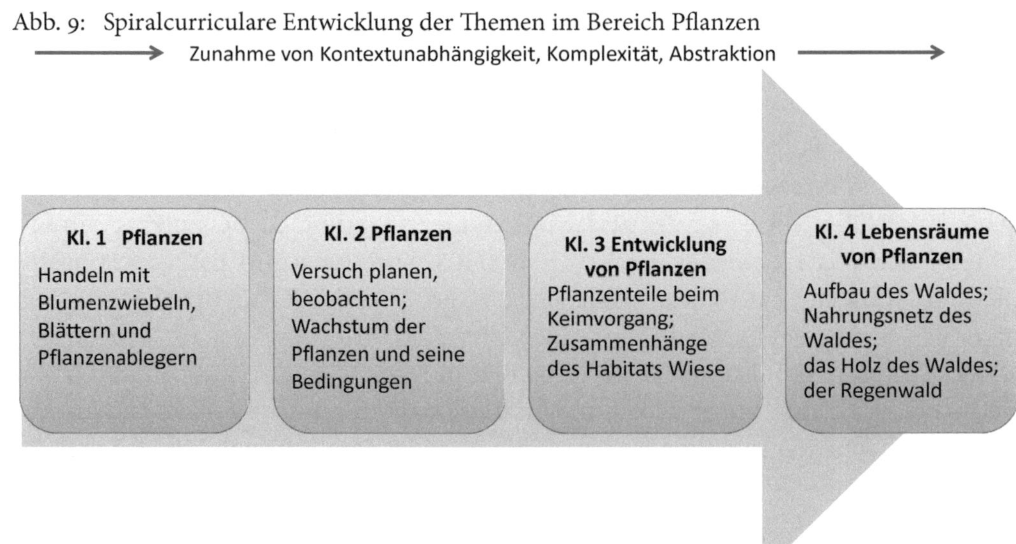

Jeder Themenbereich ist spiralcurricular gestaltet (siehe Abb. 9). Den Planungsrahmen sind jeweils eine Übersicht über diesen spiralcurricularen Aufbau der Themen über die vier Schuljahre hinweg und eine Übersicht mit Anregungen und Möglichkeiten für Unterrichtsaktivitäten für die unterschiedlichen Klassenstufen vorangestellt. Dabei handelt es sich um Anregungen und Möglichkeiten in dem Sinne, dass die entsprechenden Themen und Unterrichtseinheiten natürlich auch anders strukturiert oder mit anderen Unterrichtsaktivitäten verbunden werden können. Eine solche knappe, zumindest stichwortartige Übersicht über Unterrichtseinheiten und -aktivitäten schien jedoch erforderlich, um das Zustandekommen der Planungsrahmen nachvollziehbar darstellen zu können.

5.1 Planungsrahmen *Ernährung* Klasse 1–4

Spiralcurriculare Perspektive auf den Themenbereich *Ernährung*

	Klasse 1	Klasse 2	Klasse 3	Klasse 4
Thema/ fachliche Kerninhalte	**Obstsalat**	**Gesunde Ernährung** Nahrungsmittel sortieren	**Gesunde Ernährung** Nahrungsmittel in Gruppen einteilen Konzept ausgewogene Ernährung: Ernährungspyramide	**(1) Nährstoffe** Nährstoffe nachweisen **(2) Gesunde Ernährung** Verschied. graf. Darstellungen: Ernährungspyramide und -kreis **(3) Der Weg der Nahrung bei der Verdauung**
Handlungs-betonte Elemente	Obstsalat herstellen Einkauf	Herstellung eines Obst-Milkshakes oder eines Obst-/ Gemüsespießes	Zusammenstellung eines Pausenfrühstücks Experimente zum Nachweis von Fett und Zucker	Experimente zum Nachweis von Nährstoffen Info-Recherche zu historischen Perspektiven (z. B. Ernährung im Alten Ägypten, im Mittelalter, bei den Ureinwohnern Nordamerikas)
Schreib-aktivitäten	Einkaufszettel, Einladung für ‚Obstsalat-Frühstück'	Rezept	Gestaltung eines Plakats für die Schule	Gestaltung eines Faltblatts für die Schule

Anregungen & Möglichkeiten für Unterrichtsaktivitäten – *Ernährung* Klasse 1

	Aktivitäten
Planungsentscheidungen	Das Thema gesundes Essen/Obstsalat lässt sich gut mit Schreibanlässen für Klasse 1, mit dem Rechnen mit Geld in Mathematik und mit dem Thema ‚Zähne' verbinden.
mögliche Unterrichts-szenarien	**Obstsalat** Planung eines Obstsalats, Schreiben eines Einkaufszettels pro Gruppe, Einkaufsgang Obst- und Gemüseladen, Markt oder Supermarkt (Foto- und Schreibanlass), Herstellung eines Obstsalats.
DaZ-spezifische Übungs-schleifen	Bestimmter – unbestimmter Artikel bei Einkaufssituationen, Einzahl – Mehrzahl bei Obstsorten.
Mehrsprachigkeit	Obst- und Gemüsesorten in verschiedenen Sprachen; Projekt zur ‚Raupe Nimmersatt' (Eric Carle) (Eltern und Lehrkräfte lesen und schreiben, Vorspielen in verschiedenen Sprachen; das Buch ist in Albanisch, Arabisch, Französisch, Griechisch, Italienisch, Kroatisch, Kurdisch, Portugiesisch, Spanisch, Türkisch und Rumänisch erhältlich); ‚Guten Appetit!' in vielen Sprachen.
Fremdsprache	Vorlesen der ‚Raupe Nimmersatt' in der Fremdsprache: *‚The Very Hungry Caterpillar'*.
Offene Ganztagsschule	Schreiben eines Einkaufszettels, Nachspielen von Einkaufsszenarien, Herstellung eines anderen Salats unter Verwendung der gleichen Küchengeräte (und Sprachstrukturen).
Lehrplan Deutsch	Unterschiedliche Schreibanlässe bieten der Einkaufszettel, die Fotos vom Einkauf und auch die Herstellung des Obstsalats.
globale Perspektive im SU	‚Woher kommen unsere Bananen?'

Anregungen & Möglichkeiten für Unterrichtsaktivitäten – *Ernährung* Klasse 2

	Aktivitäten
Planungsentscheidungen	Das Thema eignet sich gut für eine Darstellung in der Schulöffentlichkeit und für die Zusammenarbeit mit den Eltern.
mögliche Unterrichts-szenarien	**Gesunde Ernährung** Kinder sortieren in Kleingruppen Abbildungen von Nahrungsmitteln; Ergebnisse vorstellen und begründen; Einführung der Bezeichnungen für verschiedene Lebensmittelgruppen; die Kinder ordnen dem eigenen Tagesablauf Mahlzeiten und Lebensmittel zu. *Phase 1:* Auswahl treffen und Milkshake oder Obst-/Gemüsespieß herstellen. *Phase 2:* Die Schüler/innen berichten den anderen Kindern von der Herstellung ihres Pausensnacks (und lassen sie probieren). *Phase 3:* Kinder schreiben ein Rezept (ggf. für das Rezeptbuch der Klasse).
DaZ-spezifische Übungs-schleifen	Einkaufssituationen und Herstellung des Obst-/Gemüsespießes für die Beschäftigung mit der Veränderung des Artikels beim Akkusativ und die Unterscheidung des bestimmten und unbestimmten Artikels nutzen; Imperative.
Mehrsprachigkeit	Einkaufszettel und Szenario von Einkaufssituationen; Wie wird die Mehrzahl von Nomen in verschiedenen Sprachen gebildet?
Fremdsprache	Einkaufszettel und Szenario einer Einkaufssituation; Wie werden die Mehrzahl und die Unterscheidung bestimmter/unbestimmter Artikel gebildet?
Offene Ganztagsschule	Ausprobieren weiterer Rezepte unter Berücksichtigung entsprechender Sprachstrukturen.
Lehrplan Deutsch	Abfolge sprachlich herstellen; Schreiben eines Rezepts.
globale Perspektive im SU	‚Der Weg von der Kakaobohne zur Schokolade'.

Anregungen & Möglichkeiten für Unterrichtsaktivitäten – *Ernährung* Klasse 3

	Aktivitäten
Planungsentscheidungen	Das Thema eignet sich sehr gut für eine schulöffentliche Darstellung und für eine Kooperation mit den Eltern.
mögliche Unterrichts-szenarien	**Gesunde Ernährung** *Phase 1:* Lebensmittelgruppen in Gruppenarbeit einteilen. *Phase 2:* Ergebnisse vorstellen, Einführung Konzept der Nährstoffe und Darstellungsform der Ernährungspyramide, Erarbeitung der Pyramide (ausgewogene Ernährung). *Phase 3:* Ernährungspyramide erklären, verschiedene Pausenfrühstücke und Mahlzeiten bewerten, Plakat zur gesunden Ernährung gestalten, Präsentation für eine andere Klasse vorbereiten.
DaZ-spezifische Übungs-schleifen	Relativsätze: *Lebensmittel, die … enthalten, sind …*; Satzstrukturen bei Sätzen mit …, *damit …* (*Wir essen Obst, damit wir gesund bleiben*).
Mehrsprachigkeit	Einkaufssituationen; Pyramide in verschiedene Sprachen übertragen.
Fremdsprache	Rollenspiel, Einkaufssituation
Offene Ganztagsschule	Gesunde Mahlzeiten herstellen; Poster aufhängen und vorstellen.
Lehrplan Deutsch	Adressatengerecht appellieren
globale Perspektive im SU	‚Woher kommen unsere Nahrungsmittel?'

Anregungen & Möglichkeiten für Unterrichtsaktivitäten – *Ernährung* Klasse 4

	Aktivitäten
Planungsentscheidungen	Das Thema ist gut geeignet für das Verfassen eines schulöffentlichen Faltblatts zum Thema ‚Gesunde Ernährung'.
mögliche Unterrichts-szenarien	**(1) Nährstoffe** *Phase 1:* Verschiedene Experimente zum Nachweis von Nährstoffen. *Phase 2:* Nachweise und Ergebnisse vorstellen; Ernährungspyramide und -kreis vergleichen. *Phase 3:* Ernährungspyramide und -kreis erklären; Gestaltung eines Faltblatts für die Schule oder auch für zu Hause. **(2) Gesunde Ernährung** *Phase 1:* Verschiedene Recherchen zur Ernährung in unterschiedlichen Zeiten (Altes Ägypten, Mittelalter, Ureinwohner Nordamerikas). *Phase 2:* Vorstellen der Ergebnisse, Erstellung von Zeichnungen. *Phase 3:* Präsentation der Zeichnungen; ggf. Einarbeiten in Faltblatt (Info-Kasten ‚Wusstest du schon?'). **(3) Der Weg der Nahrung bei der Verdauung** *Phase 1:* In Kleingruppen lesen die Schüler/innen Texte zu den Verdauungsvorgängen und fertigen ein Schaubild an. *Phase 2:* Kinder präsentieren und erklären die Schaubilder. *Phase 3:* Ggf. Einarbeiten in Faltblatt (Info-Kasten ‚Wusstest du schon?').
DaZ-spezifische Übungs-schleifen	Passiv (*Wir zerkauen die Nahrung. Die Nahrung wird zerkaut*); sein Zusammenhang mit der Tätigkeitsform/dem Aktiv. Bedingungen mit *wenn*-Sätzen; Präpositionalangaben (*beim Test, bei der Ernährung, beim Schlucken, bei der Verdauung*); ihre Herleitung aus Bedingungssätzen mit *wenn*.
Mehrsprachigkeit	Kurzversionen des Faltblattes in verschiedenen Sprachen
Fremdsprache	Ernährungspyramide in der Fremdsprache (erste Pyramide wurde in Englisch veröffent-licht).
Offene Ganztagsschule	Gesunde Mahlzeiten herstellen; Wiederholung der Nährstoffnachweise zusammen mit Kindern aus anderen Klassen oder Jahrgangsstufen; „Essen wie im Alten Ägypten/wie die Ritter/wie im Mittelalter".
Lehrplan Deutsch	Sachtext verfassen/appellativen Text verfassen
Übergang zur Sek. 1	Experimente zum Nachweis der Nährstoffe werden in einem Versuchsprotokoll festgehal-ten.
globale Perspektive im SU	Die Wege der Nahrungsmittel: Beispiel Schokolade oder Beispiel Rinderzucht (im Kontext des Themas Regenwald).

Planungsrahmen *Ernährung* – Klasse 1

Thema	Aktivitäten	Sprachhandlungen Mitteilungsbereiche	Sprachstrukturen	Vokabular
der Unterrichtsreihe, -einheit oder -stunde	• Aktivitäten, die fachliches und sprachliches Handeln im Unterricht verbinden • Verbindung zwischen dem Thema und den Sprachhandlungen	• Welche Sprachhandlungen sollen die Schüler/innen umsetzen? • In welchen Mitteilungsbereichen müssen sie dabei über sprachliche Mittel verfügen? • Verbindung zu kognitiven Aktivitäten	• Welche Sprachstrukturen benötigen die Schüler/innen, um die Sprachhandlungen und Mitteilungsbereiche umzusetzen und so das Thema zu bearbeiten? • Welche sprachlichen Alternativen gibt es?	• Welches fachsprachliche Vokabular ermöglicht es den Schülerinnen und Schülern über das Thema zu lernen?
Obstsalat	**Zutaten auswählen/ planen** Die Kinder stellen mit Abbildungen von Obstsorten in Gruppenarbeit ihren Obstsalat zusammen.	**Absicht/Zweck ausdrücken**	Wir wollen einen Obstsalat machen/ herstellen. Wir überlegen uns … Wir besprechen, welches Obst … Wir planen gemeinsam …	der Obstsalat das Obst die Obstsorte planen die Zutaten der Einkaufszettel – die Einkaufszettel ein/der Apfel – die Äpfel
	Schreiben Die Schüler/innen schreiben entsprechende Einkaufszettel.		Wir essen Obst, damit wir gesund bleiben. Wir schreiben einen Einkaufszettel, damit … Ich esse Eis, weil es mir gut schmeckt. **(Konjunktionalsätze)**	eine/die Banane – die Bananen eine/die Orange – die Orangen eine/die Weintraube – die Weintrauben eine/die Zitrone – die Zitronen
	Obst einkaufen	**Wunsch äußern**	Ich möchte gern/bitte einen Apfel. Ich hätte gern zwei Äpfel. Ich möchte bezahlen.	die Küchengeräte die Schüssel – die Schüsseln das Messer – die Messer der Löffel – die Löffel in (kleine) Stücke schneiden
	Obstsalat herstellen Die Kinder schneiden das eingekaufte Obst.	**Begründen**	Wir müssen vorsichtig sein, weil wir uns sonst *verletzen*. **(Konjunktionalsatz mit Verbendstelllung)**	zerschneiden – ich zerschneide umrühren, ich rühre um **(trennbares Verb)**

Planungsrahmen *Ernährung* – Klasse 2

Thema	Aktivitäten	Sprachhandlungen Mitteilungsbereiche	Sprachstrukturen	Vokabular
Gesunde Ernährung	**Zuordnen** Die Schüler/innen überlegen, in welche Gruppen sie Lebensmittel sortieren könnten.	**Gruppenbildung begründen**	Wir legen ... zusammen, weil ... Wir haben ... zusammengelegt, weil ... Das gehört zusammen, weil ... Wir denken, das gehört zusammen, weil ...	zuordnen, ich ordne zu sortieren essen sich ernähren, ich ernähre mich die Ernährung, eine gesunde/abwechslungsreiche Ernährung
		Fragen	Zu welcher Lebensmittelgruppe gehören ...?	die Gesundheit süß, das süße Getränk
	Zuordnen/ Zeitangaben Die Schüler/innen ordnen den Tageszeiten Mahlzeiten und Lebensmittel zu.	**Zeitangaben zum Tagesablauf machen**	am Morgen am Vormittag in der Frühstückspause am Mittag am Abend	nicht zu süß das Frühstück/Mittagessen/ Abendessen das Getränk – die Getränke die Getreideprodukte das Gemüse
		Bedingungen beschreiben	Wenn wir zu viel essen, ... Wenn wir zu wenig Obst essen, ... Wenn wir zu wenig trinken, ... **(Konjunktional-/ Konditionalsätze)**	das Obst das Milchprodukt – die Milchprodukte das Ei – die Eier, das Fleisch der Fisch – die Fische das Fett – die Fette die Süßigkeit – die Süßigkeiten
	Pausensnack herstellen Die Kinder stellen in Gruppenarbeit unterschiedliche Pausensnacks her.			die Nahrung das Nahrungsmittel – die Nahrungsmittel das Lebensmittel – die Lebensmittel die Lebensmittelgruppe **(Komposita)**
	Berichten Die Kinder beschreiben den Mitschülerinnen und Mitschülern die Herstellung ihres Pausensnacks.	**Berichten Ablauf beschreiben**	als Erstes ... zuerst ... danach ... dann ... anschließend ... am Ende ... zum Schluss ...	zerdrücken zerkleinern mixen verrühren umrühren, ich rühre um
	Schreiben eines Rezepts Die Kinder schreiben ein Rezept für ihren Pausensnack.		Nimm ... Gib ... in die Schüssel hinein! Verrühre ... **(Imperative inkl. trennbarer Verben)**	herstellen, ich stelle her hineingeben, ich gebe hinein hineinschütten, ich schütte hinein hineingießen, ich gieße hinein **(trennbare Verben)**

Planungsrahmen *Ernährung* – Klasse 3

Thema	Aktivitäten	Sprachhandlungen Mitteilungsbereiche	Sprachstrukturen	Vokabular
Gesunde Ernährung	**Zuordnen/ Klassifizieren** Die Schüler/innen ordnen Lebensmittel den acht Lebensmitteltelgruppen zu.	**Gruppenbildung/ Einteilungen erklären**	Wir legen … zusammen, weil … Wir ordnen … dieser Gruppe zu, weil … Das gehört zusammen, weil … Diese Lebensmittel gehören zu einer Gruppe, weil … Lebensmittel mit vielen/mit viel … Lebensmittel, die viele … enthalten, …	zuordnen sortieren sich ernähren, ich ernähre mich enthalten, enthält bestehen aus, besteht aus zusammenstellen, ich stelle zusammen auswählen, ich wähle aus
	Vergleichen	**Vergleichen/ quantifizieren**	… enthält mehr … als … … enthalten mehr … als … … wird gemacht aus … … wird hergestellt aus …	der Körper braucht … *die Ernährung,* *eine gesunde Ernährung*
		Zweck beschreiben	Wir essen …, damit … Wir essen … um … zu … Wir trinken täglich, um … zu …	*eine ausgewogene Ernährung* täglich, die tägliche Ernährung *die Ernährungspyramide*
		Bedingungen beschreiben	Wenn wir uns gesund/ausgewogen ernähren wollen, … Wenn wir uns nicht gesund/ ausgewogen ernähren, … **(Konjunktionalsätze/ Konditionalsätze)**	*die Nahrung* *das Nahrungsmittel – die Nahrungsmittel* *das Lebensmittel – die Lebensmittel* *die Lebensmittelgruppe*
		Fragen	Enthält … viel …? Welches Lebensmittel enthält …? Warum ist es wichtig …? Was ist hier dargestellt? Was bedeutet …? Was passiert, wenn wir uns nicht ausgewogen ernähren?	aus pflanzlicher/ tierischer Herkunft das Getränk – die Getränke der Nährstoff – die Nährstoffe das Vitamin – die Vitamine
	Grafische Darstellung beschreiben/ interpretieren Die Schüler/innen beschreiben eine Ernährungspyramide.	**Beschreiben**	Die Zeichnung hat die Form … Die Zeichnung soll zeigen, dass … Die Pyramide zeigt … Die Pyramide hilft auszuwählen, wie wir uns gesund ernähren können. In der Pyramide ist dargestellt, wie viel man von jeder Lebensmittelgruppe am Tag essen soll. an der Spitze von unten nach oben	das Kohlenhydrat – die Kohlenhydrate das Fett – die Fette das Milchprodukt – die Milchprodukte das Getreideprodukt – die Getreideprodukte

Thema	Aktivitäten	Sprachhandlungen Mitteilungsbereiche	Sprachstrukturen	Vokabular
		Interpretieren	Das zeigt, dass … Das bedeutet, dass … Es ist wichtig … zu essen. Man muss … Wir sollten darauf achten, dass …	
		Mengenangaben machen	Wir sollten mehr Obst essen als Fleisch, Fisch und Michprodukte. Wir können gleich viel Obst und Gemüse essen. Wir sollten weniger Süßigkeiten/mehr Obst essen.	
	Essenszusammenstellung bewerten Die Schüler/innen stellen Pausenfrühstücke oder andere Mahlzeiten zusammen und bewerten sie unter Verwendung der Ernährungspyramide.	**Bedingungen benennen**	Wenn wir ein Pausenfrühstück/eine Mahlzeit zusammenstellen … Eine Ernährung ist ausgewogen, wenn … **(Konjunktionalsätze/ Konditionalsätze)**	
		Bewertungen vornehmen	Ich stimme zu. Ich stimme nicht zu. Das könnten wir besser/anders machen. Ich würde lieber … Das ist (besonders) gesund, weil …	
	Experimentieren Die Schüler/innen führen Experimente zum Fett- und Zuckernachweis durch.	**Beschreiben**	Wir wollten testen, ob … Fett enthält. Wir wollten herausfinden, ob … Wir untersuchten, ob … Wir wollten herausfinden, welches Getränk mehr Zucker enthält. **(indirekte Fragen)**	nachweisen, ich weise nach der Nachweis (von Fett/ von Zucker) der Test – die Tests der Teststreifen der Fettfleck
	Beschreiben Die Schüler/innen beschreiben mündlich ihre Tests und Beobachtungen.		Wir wollten zeigen, dass … Zucker enthält. Wir haben beobachtet, dass … **(Konjunktionalsätze mit *dass*)**	ausbreiten, er breitet sich aus sich verfärben, es verfärbt sich **(reflexive Verben)**
	Schreiben Die Schüler/innen gestalten ein Plakat zur gesunden Ernährung.		man kann nachweisen **(unpersönl. Formulierung mit *man*)**	nach zwei Minuten

Planungsrahmen *Ernährung* – Klasse 4

Thema	Aktivitäten	Sprachhandlungen Mitteilungsbereiche	Sprachstrukturen	Vokabular
(1) **Nährstoffe**	**Experimentieren** Die Schüler/innen führen Experimente durch, bei denen Nährstoffe nachgewiesen werden können: Stärke, Fett, Eiweiß, Vitamin A und Zucker.	**Abläufe beschreiben**	*Wir wollten testen, ob … Fett enthält.* *Wir wollten zeigen, dass … Zucker enthält.* *Wir wollten herausfinden, ob …* *Wir untersuchten, ob …* *Wir wollten herausfinden, welches Getränk mehr Zucker enthält.* **(indirekte Fragen)** *Wir wollten … vergleichen …* *Wir haben beobachtet, dass …*	*sich ernähren, ich ernähre mich* *enthalten, enthält* *bestehen aus, besteht aus* *die/eine (gesunde) Ernährung* *eine ausgewogene Ernährung* *täglich, die tägliche Ernährung* *der Körper braucht …* *die Nahrung*
			man kann nachweisen … *man kann Nährstoffe sichtbar machen, wenn man …* **(unpersönl. Formul. mit *man*)** Der Inhaltsstoff/der Nährstoff, der sichtbar wird, ist … **(Relativsatz)**	*das Nahrungsmittel – die Nahrungsmittel* *das Lebensmittel – die Lebensmittel* *die Lebensmittelgruppe* **(Komposita)** *einen Versuch durchführen*
	Beschreiben Die Schüler/innen beschreiben ihre Versuche und Beobachtungen.		Die Stärke/das Fett/das Eiweiß/das Vitamin A/der Zucker wird/wurde nachgewiesen. **(Passiv)** als Erstes haben wir …, zuerst … danach …, dann …, anschließend … am Ende …, zum Schluss …	die Stärke die Jod-Lösung *das Fett – die Fette* das Eiweiß das Eiweißgemisch der Zitronensaft das Vitamin A das Öl *der Zucker* die Mohrrübenraspeln
		Fragen	Was habt ihr beobachtet? Was hat euer Nachweis gezeigt? Enthält … viel …? Welches Lebensmittel enthält …?	*der Teststreifen – die Teststreifen* *der Teller – die Teller* durchsichtig der durchsichtige Fleck die Farbe verändert sich
		Bedingungen benennen	Wenn die Jod-Lösung die Kartoffel berührt, färbt sich die Kartoffel blau.	die Pipette die Flocke – die Flocken saugen ausflocken, es flockt aus
		Begründen	Die Jod-Lösung färbt die Kartoffel blau, weil sie Stärke enthält. Der Apfel wird von der Jod-Lösung nicht blau gefärbt, weil er keine Stärke enthält. **(Konjunktionalsätze)**	sich verfärben, er verfärbt sich sich lösen, es löst sich *sich bilden, es bilden sich* **(reflexive Verben mit unpers. Formulierungen)**

Thema	Aktivitäten	Sprachhandlungen Mitteilungsbereiche	Sprachstrukturen	Vokabular
(2) Gesunde Ernährung	**Grafische Darstellungen beschreiben und interpretieren**	**Beschreiben** **Interpretieren** **Vergleichen**	*Die Zeichnung hat die Form ei-* ner Pyramide/eines Dreiecks/ eines Kreises.	*die Ernährungspyramide* der Ernährungskreis
			Die Zeichnung soll zeigen, dass ... Die Grafik zeigt ...	*aus pflanzlicher/tierischer Herkunft*
			Hier wird gezeigt ... Hier werden die Lebensmittelgruppen dargestellt/gezeigt. In der Pyramide/dem Kreis/der Grafik wird dargestellt, wie viel man von jeder Lebensmittelgruppe am Tag essen soll. **(Passiv/unpers. Formulierung *man*)**	*das Getränk – die Getränke* *der Nährstoff – die Nährstoffe* *das Vitamin – die Vitamine* *das Kohlenhydrat – die Kohlenhydrate* *das Fett – die Fette* *das Milchprodukt – die Milchprodukte*
			Der Ernährungskreis besteht aus ... Der Unterschied ist ... Der Unterschied besteht darin, dass ...	das Getreideprodukte – die Getreideprodukte die Mineralstoffe die Balaststoffe
	Schreiben Die Schüler/innen schreiben ein Faltblatt über gesunde Ernährung.	**Erklären** **Appellieren**	Wir sollten darauf achten, dass ...	*der Körper braucht*
			Das zeigt, dass ... Das bedeutet, dass ... Es ist wichtig ... Man muss ... Von der Lebensmittelgruppe mit dem größten Teil des Kreises/Kreisabschnitt soll man ... **(unpersönliche Formulierungen)**	
			Man soll täglich aus allen Lebensmittelgruppen auswählen. Man soll auf die Mengen der Lebensmittel achten. Man soll die vielen Möglichkeiten in jeder Gruppe nutzen. **(unpersönl. Formulier. mit *man*)**	
			Der Mensch braucht Nährstoffe von jeder Lebensmittelgruppe. Bei der Ernährung muss man/ ist es wichtig ... **(Präpositionalangaben mit Nominalisierung)**	

Thema	Aktivitäten	Sprachhandlungen Mitteilungsbereiche	Sprachstrukturen	Vokabular
	Info-Recherche/ Lesen Die Schüler/innen entnehmen Texten Informationen zur Ernährung z. B. im Alten Ägypten, im Mittelalter, bei den Ureinwohnern Nordamerikas. Sie ordnen die ‚historischen Nahrungsmittel' dem Ernährungskreis zu.	**Zuordungen erklären** **Vergleichen**	Wir ordnen … der Gruppe des Gemüses zu. Wir denken, dass in … … enthalten ist. Es gab einen Unterschied zwischen dem Essen der Reichen und dem Essen der Armen. Es gab einen Unterschied zwischen dem Essen der reichen Ritter und dem Essen der normalen/armen Leute. Die … lieferten den Ägyptern das wichtige Eiweiß.	
(3) Der Weg der Nahrung bei der Verdauung	**Lesen** Die Schüler/innen lesen einen Text, in dem der Vorgang der Verdauung beschrieben wird. Sie fertigen ein Schaubild an. Sie erklären das Schaubild den anderen Kindern. **Schreiben** Die Schüler/innen ergänzen ihr Faltblatt um eine weitere Seite zu ‚historischen Nahrungsmitteln' oder zur Verdauung.	**Abläufe, Vorgänge beschreiben**	Unser Schaubild zeigt … Die Verdauung beginnt im Mund. Wenn wir schlucken, rutscht der Speisebrei in den Magen. Die Nahrung wird … zerkaut/ zermahlen/verdaut. Der Brei wird mit Magensaft vermischt/verdünnt. Die Nährstoffe werden zerlegt. Der Brei wird … transportiert. Die Nährstoffe werden in den Blutkreislauf aufgenommen. Der Rest … wird … transportiert/ausgeschieden. **(Passiv)** Beim Schlucken … Bei der Verdauung … **(Präpositionalangaben mit Nominalisierung)**	der Querschnitt verdauen zerkauen zermahlen transportieren verdünnen zerlegen aufnehmen, er nimmt auf ausscheiden, er scheidet aus **(trennbare Verben)** die Verdauung der Speisebrei die Mundhöhle der Speichel die Speiseröhre der Magen der Magensaft der Dickdarm der Dünndarm der Enddarm der Anus

5.2 Planungsrahmen *Pflanzen* Klasse 1–4

Spiralcurriculare Perspektive auf den Themenbereich *Pflanzen*

	Klasse 1	Klasse 2	Klasse 3	Klasse 4
Thema/ fachliche Kerninhalte	(1) Blumenzwiebeln (2) Blätter u. Früchte der Bäume (3) Pflanzenableger	(1) Was brauchen Pflanzen? (2) Teile der Pflanze	(1) Entwicklung der Bohnenpflanze (2) Leben auf der Wiese	(1) Welt des Waldes (2) Das Holz des Waldes (3) Regenwald
Handlungs-betonte Elemente	Blumenzwiebeln einpflanzen, Blätter sortieren, Ableger und Setzlinge stecken	Versuche mit Kresse planen und durch-führen	Bohnen keimen lassen Einen Wiesenabschnitt untersuchen und dokumentieren	Info-Recherche zu unterschiedlichen As-pekten des Regenwalds (Klima, Tiere, Pflan-zen, Stockwerkaufbau) Herstellung von Schaubildern und Plakaten
Schreib-aktivitäten	Präsentationskarten beschriften	Eintrag in Forscher/in-nentagebuch/ Protokollblatt	Untersuchung doku-mentieren, Bestimmungsbüchlein der Klasse	Argumente für eine Debatte über den Schutz des Regenwal-des vorbereiten

Anregungen & Möglichkeiten für Unterrichtsaktivitäten – *Pflanzen* Klasse 1

	Aktivitäten
Planungsentscheidungen	Pflanzen können zu mehreren Zeitpunkten des 1. Schuljahres zum Thema werden und das eingeführte Vokabular lässt sich so mehrfach im Schuljahr aufgreifen und wieder-holen. Da die Kinder schon wegen der Menge der benötigten Materialien in Gruppen zusammenarbeiten sollten, können beim Thema Pflanzen auch gut Regeln des gemeinsa-men Handelns angesprochen werden.
mögliche Unterrichts-szenarien	(1) **Blumenzwiebeln** einpflanzen (2) **Blätter und Früchte der Bäume** sortieren (3) Kinder stecken **Pflanzenableger**
DaZ-spezifische Übungs-schleifen	Einzahl – Mehrzahl bilden
Mehrsprachigkeit	‚Frederik' (Leo Lionni) in verschiedenen Sprachen (in Verbindung mit ‚Herbst'); Befragung der Großeltern/Eltern: ‚Hattest du als Kind eine Lieblingsblume?'
Fremdsprache	Vorlesen von ‚Frederik'. Einkaufsszenario Blumenladen (Anwendung von Zahlen und Farben).
Offene Ganztagsschule	Begleitende und vertiefende Aktivitäten des Säens und Pflanzens.
Lehrplan Deutsch	Erste Verschriftungen im Zusammenhang von Zeichnungen und bei Ausstellungen (Blätter, Ableger).
globale Perspektive im SU	Schüler/innen sehen sich Bilder von Pflanzen aus unterschiedlichen Regionen der Welt an. Warum wachsen keine Blumen am Nordpol? Kann ein Kaktus bei uns im Garten wachsen?

Anregungen & Möglichkeiten für Unterrichtsaktivitäten – *Pflanzen* Klasse 2

	Aktivitäten
Planungsentscheidungen	Die Naturerfahrung der Kinder ist in hohem Maße von der Umgebung geprägt, in der sie aufwachsen. Der einfach durchzuführende Kresseversuch (1) führt in die Entwicklungsbedingungen von Pflanzen ein. Die hier gewählte Kartoffelpflanze (2) und der Löwenzahn (3) sind Beispiele für eine Nutzpflanze und eine Wiesenblume.
mögliche Unterrichtsszenarien	**(1) Was brauchen Pflanzen?** Die Kinder äußern Vermutungen und planen Versuche. *Phase 1:* Kinder führen in Gruppen ihre Versuche durch. In den folgenden Tagen sehen sie sich an, was mit den Kressesamen geschehen ist. *Phase 2:* Kinder berichten den Mitschülerinnen und Mitschülern jeweils mündlich von ihren Versuchen und Beobachtungen. *Phase 3:* Kinder zeichnen und schreiben jeweils in ihr Forscher/innentagebuch. **(2) Kartoffelpflanze** Die Schüler/innen sehen sich Kartoffelknollen, Abbildungen von Kartoffelpflanzen im Verlauf eines Jahres und möglichst eine Kartoffelpflanze an. **(3) Löwenzahn** Die Schüler/innen betrachten blühenden Löwenzahn und entsprechende Abbildungen Sie zeichnen seine Entwicklung und beschriften ihre Zeichnungen.
DaZ-spezifische Übungsschleifen	Puzzle-/und Sequenz-Aktivitäten mit Bildern der Pflanzen.
Mehrsprachigkeit	Nutzpflanzen in verschiedenen Sprachen
Fremdsprache	Verben: Was machen wir mit der Pflanze?
Offene Ganztagsschule	Zubereitung von Rezepten mit Kartoffeln
Lehrplan Deutsch	Einfache Gebrauchsanweisungen schreiben.
globale Perspektive im SU	Kartoffeln und Reis als Grundnahrungsmittel in Europa bzw. Asien

Anregungen & Möglichkeiten für Unterrichtsaktivitäten – *Pflanzen* Klasse 3

	Aktivitäten
Planungsentscheidungen	‚Pflanzen' ist ein sehr breites Thema. Die Naturerfahrung der Kinder und z. B. die Möglichkeiten einer Wiesenerkundung sind auch von den lokalen Gegebenheiten abhängig. Während die Kinder in Klasse 2 lernten, was eine Pflanze zum Wachsen benötigt, liegt der Schwerpunkt in diesen Unterrichtsszenarien auf der Entwicklung der Bohnenpflanze (1) und auf der Wiese als Habitat (2). Das Thema ‚Wiese' ist selbstverständlich wesentlich umfänglicher und weitere sinnliche, ästhetische Zugänge sollten hinzukommen.
mögliche Unterrichtsszenarien	**(1) Entwicklung der Bohnenpflanze** *Phase 1:* Die Schüler/innen lassen in Kleingruppen verschiedene Bohnensorten keimen. Sie stecken zu diesem Zweck die Bohne zwischen Küchenpapier und die Wand eines Glases. In den Folgetagen sehen sie sich an, was mit den Bohnen geschehen ist. *Phase 2:* Kinder tauschen sich regelmäßig über ihre Beobachtungen aus. Einführung und Klärung der Fachbegriffe. *Phase 3:* Kinder zeichnen die Entwicklung, versehen die Zeichnung mit einer Beschriftung und schreiben dazu einige Sätze (z. B. in ihr Forscher/innentagebuch).

	Aktivitäten
	(2) Leben auf der Wiese Nach einer Einführung mit Bildern in unterschiedliche Typen von Wiesen: *Phase 1:* Die Kinder untersuchen in Gruppen einen Wiesenabschnitt und fertigen dazu Notizen und Zeichnungen der Pflanzen und Tiere an. *Phase 2:* Gefundenes den anderen Kindern mündlich beschreiben; in der Gesamtgruppe Einführung/Vorstellung verschiedener Pflanzen der Wiese; Einführung in die Unterabschnitte eines Textes zur Pflanzenbestimmung. *Phase 3:* Recherche-Phase zu einer gewählten Pflanze; Kinder schreiben als ‚Naturforscher/innen' einen Bestimmungstext mit einer Zeichnung, die sie mit den Fachbezeichnungen der Pflanzenteile versehen; Präsentation; Zusammenstellung eines Bestimmungsbüchleins der Klasse. **Leben auf der Wiese/Fortführung** *Phase 1:* Kinder lesen in Kleingruppen einen Informationstext mit einer Abbildung zum Habitat und zur Nahrungskette an einer Wiesenpflanze und machen sich Notizen. *Phase 2:* Die Schüler/innen erklären den anderen Kindern, welche Informationen sie dem Text entnommen haben. *Phase 3:* Die Kinder erstellen ein eigenes Schaubild und präsentieren es.
DaZ-spezifische Übungsschleifen	Komplexe Satzbildungen: Wir sehen, *dass* die Keimwurzel gewachsen ist. Die Bohnen keimen, *wenn* ... Passiv im Kontext der Nahrungskette.
Mehrsprachigkeit	Sammeln von Bohnenrezepten in verschiedenen Sprachen; Übersetzungen. Die Kinder recherchieren, wie viele regional unterschiedliche Namen die Kartoffel im Deutschen hat. Warum ist das wohl so?
Fremdsprache	‚*Runner beans*'-Spiel (engl. Bezeichnung für eine ursprünglich südamerikanische Bohnensorte), bei dem die Spielleiterin mit Bewegungsverben neue Bohnensorten erfindet, die die Kinder in Bewegungen umsetzen (z. B. *jumper beans, hopper beans ...*); *The Tiny Seed* (Eric Carle) vorlesen.
Offene Ganztagsschule	Erkundung einer weiter entfernt gelegenen Wiese/Kleingartenkolonie im Stadtviertel o. Ä.
Lehrplan Deutsch	Lesen eines Informationstextes, Identifizieren seiner unterschiedlichen Abschnitte, Schreiben eines entsprechenden Textes.
globale Perspektive im SU	Wiesenähnliche Landschaften in anderen Regionen der Welt: Recherche zu Pflanzen und Tieren, die dort zu finden sind. Oder die Kinder zeichnen Habitats wie Antarktis, Wüste, Regenwald und überlegen, welche Nahrungsketten dort zu finden sind.

Anregungen & Möglichkeiten für Unterrichtsaktivitäten – *Pflanzen* Klasse 4

	Aktivitäten
Planungsentscheidungen	Die hier skizzierten Vorschläge bilden einen Anschluss an das Thema ‚Wiese' in Klasse 3. Das Thema des Habitats und des Nahrungsnetzes wird dabei im Kontext ‚Wald' fortgeführt. Die Unterrichtsaktivitäten sind so angelegt, dass die Frage der Holznutzung zuerst im Hinblick auf den hiesigen Wald thematisiert und dann auf den Regenwald bezogen wird. Das Thema Wald ist natürlich wesentlich umfänglicher und eine Fülle sinnlicher, ästhetischer Zugänge sollten hinzukommen.

	Aktivitäten
mögliche Unterrichts-szenarien	**(1) Welt des Waldes** *Phase 1:* In Gruppen erhalten die Schüler/innen kurze Texte über Pflanzen und Tiere des Waldes. Die Kinder tragen die Informationen zusammen und überlegen, wie sie die Tiere und Pflanzen in Gruppen einteilen/nach Merkmalen sortieren können. Sie sprechen darüber, wie sie ihre Ergebnisse den Mitschülerinnen und Mitschülern vorstellen wollen. *Phase 2:* Die Gruppen tragen ihre Ergebnisse den anderen Kindern vor, Vertiefung von Fachbegriffen, Stockwerkaufbau und Nahrungsnetz des Waldes werden eingeführt. *Phase 3:* In den Gruppen erstellen die Schüler/innen mit ihren Informationen ein Plakat zum Stockwerkaufbau und den Nahrungsbeziehungen. Sie präsentieren es den anderen Kindern und formulieren zum Abschluss einen kurzen Erläuterungstext zu ihrem Lernplakat. **(2) Das Holz des Waldes** *Phase 1:* Die Schüler/innen lesen Texte über den Nutzen und den Schutz des Waldes. Sie notieren Stichpunkte. *Phase 2:* Die Gruppen tragen ihre Ergebnisse den Mitschülerinnen und Mitschülern vor. *Phase 3:* Die Kinder fügen ihrem Lernplakat eine kurze Zusammenfassung hinzu. **(3) Regenwald** Als Einstieg in das Thema Regenwald kann der Wasserkreislauf im Kontext des Regenwalds wiederholt werden. *Phase 1:* Recherchen zu unterschiedlichen Aspekten des Regenwalds (Klima, Tiere, Pflanzen, Stockwerkaufbau) *Phase 2:* Herstellung von Schaubildern und ihre Präsentation *Phase 3:* Die Schüler/innen gestalten Plakate zum Thema ‚Regenwald' für den Schulflur (oder andere Präsentationsflächen) und verwenden dabei ihre Schaubilder. Rollenspiel ‚Fernsehdiskussion': In Kleingruppen bereiten die Schüler/innen aus der Perspektive der jeweiligen Interessengruppe Argumente für oder gegen den Schutz der Regenwälder vor (z. B. NGO zum Schutz der Regenwälder; Möbelhersteller, der Tropenholz benutzt; Vertreter/in eines indigenen Volkes; Vertreter/in eines Fastfood-Konzerns, der Rindfleisch als Südamerika verwendet; ein Siedler, der in Armut lebt).
DaZ-spezifische Übungs-schleifen	Passiv Präpositionen Konjunktiv
Mehrsprachigkeit	Fachvokabular zu den Themen Wald und Regenwald wird gesammelt und in einem Schaubild verwendet.
Fremdsprache	Ein Plakat zum Thema ‚Schutz des Regenwalds' wird in der Fremdsprache beschriftet; Schwerpunkt: Imperative.
Offene Ganztagsschule	Künstlerische Beschäftigung mit dem Thema Wald/Regenwald, z. B. angeregt durch Bilder von Henri Rousseau.
Lehrplan Deutsch	Argumentieren im Rollenspiel; einen appellierenden Text schreiben.
Übergang zur Sek. 1	Die Schüler/innen legen ein Glossar mit kurzen erklärenden Texten zum Thema ‚Regenwald' an.
globale Perspektive im SU	Regenwälder/globale Perspektive von Nachhaltigkeit, Positionen der an der Regenwaldrodung beteiligten Personen

Planungsrahmen *Pflanzen* – Klasse 1

Thema	Aktivitäten	Sprachhandlungen Mitteilungsbereiche	Sprachstrukturen	Vokabular
der Unterrichtsreihe, -einheit oder -stunde	• Aktivitäten, die fachliches und sprachliches Handeln im Unterricht verbinden • Verbindung zwischen dem Thema und den Sprachhandlungen	• Welche Sprachhandlungen sollen die Schüler/innen umsetzen? • In welchen Mitteilungsbereichen müssen sie dabei über sprachliche Mittel verfügen? • Verbindung zu kognitiven Aktivitäten	• Welche Sprachstrukturen benötigen die Schüler/innen, um die Sprachhandlungen und Mitteilungsbereiche umzusetzen und so das Thema zu bearbeiten? • Welche sprachlichen Alternativen gibt es?	• Welches fachsprachliche Vokabular ermöglicht es den Schülerinnen und Schülern, über das Thema zu lernen?
(1) Blumenzwiebeln	**Blumenzwiebeln einpflanzen**	**Absicht/Zweck ausdrücken**	Wir wollen Blumenzwiebeln einpflanzen. Wir überlegen uns, wie viele .../wo ... Wir arbeiten zusammen. Wir entscheiden zusammen.	die Blume – die Blumen die Pflanze – die Pflanzen die Jahreszeit – die Jahreszeiten der Frühling, der Sommer, der Herbst, der Winter die Blumenzwiebel – die Blumenzwiebeln der Blumentopf – die Blumentöpfe der Kübel – die Kübel die Blüte – die Blüten der Frühblüher – die Frühblüher das Schneeglöckchen – die Schneeglöckchen der Krokus – die Krokusse die Tulpe – die Tulpen die Osterglocke – die Osterglocken
		Zeitangaben machen	Es gibt vier Jahreszeiten. im Frühling/Sommer/Herbst/Winter	
		Abläufe beschreiben	Wir füllen in den Kübel/den Blumentopf Erde hinein. Wir schütten Erde in den Kübel/den Blumentopf. Wir stecken die Blumenzwiebeln in die Erde. dann danach Wir gießen ... mit Wasser.	
		Aussehen vergleichen	Die Blumenzwiebel sieht aus wie eine Zwiebel. Die Osterglocke sieht aus wie eine Glocke.	
(2) Blätter und Früchte der Bäume	**Blätter von Bäumen sortieren** Die Kinder sortieren Blätter und ordnen Früchte der Bäume diesen Blättern zu.	**Zuordnungen begründen** **Vergleichen**	Das Blatt gehört zu dem x-Baum. Die Frucht gehört zu ... Das passt zusammen. Das passt nicht zusammen. Das sieht genauso aus.	gießen schütten wachsen, sie wächst hineinfüllen, ich fülle hinein aussehen wie, sie sieht aus wie **(trennbare Verben)** gehören zu **(Präpositionalverb)**
	Schreiben von Präsentationskarten	**Abläufe beschreiben**	Wir kleben das Blatt und die Frucht auf. Wir beschriften die Karte. Wir hängen die Karten auf.	

Thema	Aktivitäten	Sprachhandlungen Mitteilungsbereiche	Sprachstrukturen	Vokabular
(3) **Pflanzenableger**	**Ableger und Stecklinge setzen** Die Kinder setzen Ableger verschiedener Zimmerpflanzen.	**Abläufe beschreiben**	*Wir füllen in den Blumentopf Erde hinein.* Wir schneiden ein Blatt/einen Stängel ab. *Wir stecken … in die Erde.* *dann* *danach* *Wir gießen … mit Wasser.* Aus dem Stängel wachsen Wurzeln. Aus den winzigen Ablegern wachsen Wurzeln. … werden größer	der Baum – die Bäume das Blatt – die Blätter die Frucht – die Früchte die Eiche, der Ahornbaum, die Linde, die Buche, der Kastanienbaum aufkleben, ich klebe auf aufhängen, ich hänge auf abschneiden, ich schneide ab *hineinfüllen, sie füllt hinein* **(trennbare Verben)** stecken der Steckling der Ableger – die Ableger die Wurzel – die Wurzeln das Usambaraveilchen das Fleißige Lieschen das Brutblatt

Planungsrahmen *Pflanzen* – Klasse 2

Thema	Aktivitäten	Sprachhandlungen Mitteilungsbereiche	Sprachstrukturen	Vokabular
(1) Was brauchen Pflan-zen?	**Versuche planen** Die Kinder überlegen, wie sie herausfinden können, was ein Kressesamen zum Wachsen benötigt.	**Fragen**	Wir fragen/unsere Frage ist: Was passiert, wenn …? Wir wollen wissen, … Wir wollen wissen, was passiert, wenn …	einen Versuch machen/planen/durchführen säen leicht bedecken *gießen* anfeuchten, wir feuchten … an
		Abläufe beschreiben	Wir legen …/stellen/bede-cken … Wir stellen …, weil wir …	
		Richtungsangaben machen	in den Schrank auf das Fensterbrett **(Wechselpräpositionen mit Akk.)**	die Pflanze – die Pflanzen der Versuch – die Versuche das Experiment – die Experimente der Samen – die Samen die Kresse die Kressesamen das Schälchen – die Schälchen die Erde der Schrank der Kühlschrank das Fensterbrett
	Versuche beschreiben Die Schüler/innen beschreiben ihre Versuche. Dabei beschreiben sie Beobachtungen, vergleichen und interpretieren.	**Berichten/ Abläufe beschreiben**	als Erstes …, zuerst …, dann …, danach …, zum Schluss … Der Samen keimt. Die Samen keimen.	
		Fragen	Was habt ihr herausgefunden? Warum sind die Samen (nicht) gut gekeimt? Warum sind die Kressepflanzen (nicht) gut gewachsen?	
		Beobachtungen beschreiben	Wir wollten herausfinden, … Wir beobachten/wir haben beobachtet, dass … Das Schälchen hat … Das Schälchen, das im … stand, hat … **(Relativsatz)**	keimen blühen der Keim – die Keime *wachsen, sie wächst* die Dunkelheit das Licht das Sonnenlicht die Wärme die Kälte
		Vergleichen	*Diese* Kressepflanzen …, aber die *anderen* Kressepflanzen … … sind größer/länger als … … haben eine andere Farbe als … … haben kein Licht bekom-men.	zu kalt zu dunkel zu trocken zu nass
		Schlussfolgerun-gen/Bedingungen benennen Begründen	Die Kressesamen sind nicht gut gekeimt, weil sie nicht genug Licht *hatten*. Wir denken, dass die Kresse nicht gut *gewachsen ist*. **(Konjunktionalsätze mit Verbendstellung)**	

Thema	Aktivitäten	Sprachhandlungen Mitteilungsbereiche	Sprachstrukturen	Vokabular
	Schreiben Die Kinder zeichnen und schreiben über ihre Versuche z. B. in ihr Forscher/innen-tagebuch oder auf ein Protokollblatt.	**Abläufe beschreiben, Zeitangaben machen, Beobachtungen beschreiben und Schlussfolgerungen ziehen**	Nach einem Tag ... Am nächsten Tag ... Nach ... Tagen ...	
(2) Kartoffelpflanze	**Beschreiben** Schüler/innen betrachten Abbildungen oder falls vorhanden, eine Kartoffelpflanze.	**Aussehen beschreiben identifizieren**	rund, oval verschrumpelt, runzelig die alte Knolle/die neue Knolle die weißen Triebe die grünen/giftigen Beeren Die grünen Teile der Pflanze sind giftig. **(Adjektive zur Beschreibung)**	das Nahrungsmittel die Kartoffel – die Kartoffeln die Kartoffelpflanze – die Kartoffelpflanzen die Nutzpflanze – die Nutzpflanzen die Pflanzenteile die Knolle – die Knollen der Trieb – die Triebe *die Wurzel – die Wurzeln* der Stängel – die Stängel *das Blatt – die Blätter* die Beere – die Beeren *die Blüte – die Blüten* sich entwickeln, sie entwickelt sich die giftige Beere
	Zuordnen	**(Oberbegriff) benennen Abläufe/Entwicklungen beschreiben**	... gehört zu den Nutzpflanzen, weil ... Wenn wir die Knolle ... stecken, ... Die neue Pflanze entwickelt sich aus der Knolle.	
		Orts- und Richtungsangaben machen	in der Erde unter der Erde wächst nach oben, ... nach unten, ... zur Seite oben am Stängel	
	Beschreiben Die Kinder bringen Abbildungen, die die Entwicklung der Kartoffelpflanze zeigen, in die richtige Reihenfolge.	**Sequenzen beschreiben**	*im Frühjahr/im Sommer/im Herbst* auf dem/auf einem Feld Der Bauer/die Bäuerin/der Landwirt/die Landwirtin baut Kartoffeln an. Der Bauer erntet die Kartoffeln. Die Kartoffeln werden angebaut. Die Kartoffeln werden geerntet. **(Passiv)**	anbauen, er baut an reifen ernten die reifen Knollen der Bauer/die Bäuerin der Landwirt/die Landwirtin

Thema	Aktivitäten	Sprachhandlungen Mitteilungsbereiche	Sprachstrukturen	Vokabular
(3) Löwen- zahn	**Beschreiben** **zuordnen** Die Schüler/innen sammeln Löwenzahn und/oder Pusteblumen und beschreiben das Aussehen.	**Benennen** **begründen**	... gehört zu den Blütenpflanzen, weil ... Wir nennen den Löwenzahn so, weil ... Wir nennen/man nennt die Pusteblumen ‚Pusteblumen', weil ... **(Konjunktionalsätze/ Kausalsätze)**	*der Samen – die Samen* *die Wurzel – die Wurzeln* *der Stängel – die Stängel* *das Blatt – die Blätter* die Knospen – die Knospen *die Blüte – die Blüten* das Keimblatt – die Keimblätter
		Aussehen **beschreiben**	Die Wurzel ist lang. Die Blätter sind gezackt. ... sind gezackt wie ...	die Löwenzahnpflanze die Pusteblume die Blütenpflanze
	Erklären Die Kinder erklären mit Hilfe von Abbildungen die Entwicklung der Löwenzahnpflanze vom Samen bis zur neuen Pusteblume.	**Abläufe/Entwicklungen beschreiben**	Die Keimblätter sind winzig. als Erstes ..., zuerst ..., dann ..., danach ..., zum Schluss ... Es entstehen zwei Keimblätter aus dem Samen. Aus dem Samen entwickeln sich zwei Keimblätter.	*entwickeln, sie entwickelt sich* entstehen entstehen aus, sie entsteht aus
	Schreiben Die Kinder zeichnen die Entwicklung des Löwenzahns und beschriften ihre Zeichnungen.	**Abläufe** **beschreiben** (Wiederholung der zuvor mündlich durchgeführten Sprachhandlungen)	In der Mitte wachsen ein Stängel und eine Knospe. Es entsteht eine Pusteblume aus der Blüte. **(verschiedene Stellungen der Satzteile)**	

Planungsrahmen *Pflanzen* – Klasse 3

Thema	Aktivitäten	Sprachhandlungen Mitteilungsbereiche	Sprachstrukturen	Vokabular
(1) Entwicklung der Bohnenpflanze		**Zweck beschreiben**	Wir essen die Früchte der Bohnenpflanze. Wir brauchen die Bohnen als Nahrungsmittel. Wir brauchen Bohnen für unsere Ernährung. Die Pflanze braucht die Bohnen als Samen. Die Pflanze braucht die Bohnen, um sich zu vermehren.	die Entwicklung die Keimung das Wachstum *die Ernährung* **(Nominalisierungen)** verschiedene Bohnensorten *einen Versuch vorbereiten/durchführen* *der Samen – die Samen*
	Versuch durchführen Die Schüler/innen lassen in Kleingruppen verschiedene Bohnensorten keimen.	**Beobachtungen beschreiben**	Der Samen der x-Bohne hat eine ... Schale. ... zwischen den Keimblättern ein ganzes/vollständiges Pflänzchen Wir haben beobachtet , dass ... Wir konnten beobachten, dass ...	die Frucht – die Früchte *die Wurzel – die Wurzeln* *der Stängel – die Stängel* das Pflänzchen die Länge die Bohnenpflanze
		Orts- und Richtungsangaben machen	*wächst nach oben, ... nach unten*	der Nährstoff – die Nährstoffe die Samenschale *das Keimblatt –*
	Tabelle anlegen Die Schüler/innen messen jeden Tag die Länge der Keimwurzel und des Keimstängels.	**Vergleichen** (im Kontext von Längen und Zeit)	Es haben sich ... gebildet. ... länger als gestern ... ist/sind gewachsen um ... ... ist/sind seit gestern um ... gewachsen. Die ... werden größer.	*die Keimblätter* der Keimstängel das Laubblatt – die Laubblätter die Keimwurzel – die Keimwurzeln die Seitenwurzeln
	Schreiben Die Kinder zeichnen die Entwicklung der Bohnenkeimung und beschriften ihre Zeichnungen.	**Abläufe beschreiben** **Bedingungen beschreiben** **Vergleichen** (Anwendung der zuvor mündlich erfolgten Sprachhandlungen)	Der Samen nimmt Wasser auf. Der Samen hat Wasser aufgenommen. Der Samen platzt auf. Der Samen ist aufgeplatzt. Der Stängel wächst heraus. Der Stängel ist herausgewachsen. **(Perfektbildung bei trennbaren Verben)**	**(Komposita)** messen notieren ein Messprotokoll schreiben quellen, quellen lassen *enthalten* *keimen* *wachsen, sie wächst*
(2) Leben auf der Wiese	**Abbildungen/Fotos betrachten** Die Kinder sehen sich Abbildungen von urzeitlichen Wäldern, von Frühlings- und Sommerwiesen sowie vom Mähen und der Heuernte an.	**Beschreiben** **Zeitangaben machen** **Vergleichen**	Vor vielen tausend Jahren ... Als die Landschaft nur aus Wäldern bestand, gab es ... Als die Menschen begannen ..., entstanden Wiesen. Wenn die Gräser und Blumen hoch gewachsen sind, ... **(Konjunktionalsätze/ temporale Nebensätze)**	aufnehmen, sie nimmt ... auf aufplatzen, sie platzt auf herauswachsen, er wächst heraus **(trennbare Verben)**

Thema	Aktivitäten	Sprachhandlungen Mitteilungsbereiche	Sprachstrukturen	Vokabular
	Betrachten und Zeichnen Die Schüler/innen untersuchen ein Stück Wiese, machen Notizen und zeichnen möglichst detailliert eine Pflanze. Sie beschriften die Pflanzenteile (Wiederholung der Begriffe).	**Aussehen beschreiben**	Wir haben … untersucht. Wir haben … gefunden. Die Blüte ist …/Die Blütenblätter sind … Die Blätter sind … Die Blüte besteht aus … Die Form erinnert mich an …/… sieht aus wie … der Blattrand/die Blattform ist …	sich vermehren, sie vermehrt sich *entwickeln, sie entwickelt sich* sich bilden – bildet sich **(reflexive Verben)** die Landschaft der Wald – die Wälder die Wiese – die Wiesen die Ernte, das Heu, die Heuernte
	Beschreiben Die Kinder stellen sich gegenseitig vor, welche Tiere und Pflanzen sie entdeckt haben.	**Fragen**	Wie sieht die Pflanze aus? Wie sehen die verschiedenen Pflanzenteile aus? Welche Form hat/haben …? Woran erkennen wir …? Woran erkennt man …?	das Vieh entstehen abholzen, er holzt ab abmähen, er mäht ab düngen nachwachsen, es wächst nach
		Vergleichen Vermutungen äußern	Wir vermuten, dass … Wir denken … Wir nehmen an … … sind ähnlich. … sind ähnlich, weil …	trocknen verfüttern das Gras – die Gräser
		Fragen	Wie heißt …? Wie sieht x aus?	*die Blume – die Blumen* *die Wurzel – die Wurzeln*
	Das Konzept einer Pflanzenbestimmung verstehen Die Kinder sehen sich die Wiesenpflanze ‚Wilde Möhre' an. Sie werden an diesem Beispiel in die Kriterien der Pflanzenbestimmung eingeführt.	**Beschreiben**	Die Bezeichnung für diese Pflanze/Blume ist … X erkennen wir an …, x erkennt man an … X ist (bis zu) … Zentimeter hoch. Die Höhe beträgt y Zentimeter. Wo kommt die x vor? Die x kommt auf der Wiese/ in Deutschland/in Nord-/in Südeuropa vor.	*der Stängel – die Stängel* *die Blüte – die Blüten* lang, länglich, kurz, rund, oval, dunkel-…, hell-…, glatt, spitz, gezackt, gefranst, rund, rundlich, einfarbig, mehrfarbig
	Lesen Die Schüler/innen lesen einen Informationstext/exempl. Bestimmungstext zur ‚Wilden Möhre'.		*Wie sieht die Pflanze aus?* *Wie sehen die verschiedenen Pflanzenteile aus?* Hat x irgendwelche Besonderheiten?	die Blattform der Blattrand die Blütenform das Blütenblatt bestehen aus erkennen an
	Schreiben und zeichnen Die Schüler/innen bestimmen eine Wiesenpflanze. Sie beschriften die dazugehörige Zeichnung.	**Benennen/beschreiben** (Anwendung der zuvor mündlich durchgeführten Sprachhandlungen)		**(Präpositionalverben)** sich befinden, sie befinden sich Pflanzen bestimmen **(Kollokation)**

Thema	Aktivitäten	Sprachhandlungen Mitteilungsbereiche	Sprachstrukturen	Vokabular
	Präsentation der Pflanzenbestimmungen	**Erklären**	Ich habe eine Pflanzenbestimmung über die x geschrieben. Ich habe für meine Pflanzenbestimmung die x gewählt, weil …	die Pflanzenbestimmung die Bezeichnung – die Bezeichnungen aussehen, sie sieht aus die Größe
	Lesen Die Kinder lesen in Kleingruppen einen Informationstext mit einer Abbildung der ‚Wilden Möhre', die nun um die Tiere, die auf/an dieser Wiesenpflanze leben, ergänzt wurde.	**Zusammenhänge und Verbindungen beschreiben/erklären**	Die Wilde Möhre gibt vielen Tieren Nahrung. Auf einem bestimmten Gebiet leben … zusammen. Habitat bedeutet, dass … Wir nennen das ein Habitat, weil … Wir nennen das eine Nahrungskette, weil … Tiere und Pflanzen hängen voneinander ab.	die Höhe das Aussehen das Merkmal das besondere Merkmal die Besonderheit **(abstrakte Begriffe)** vorkommen, sie kommt … vor beschriften
		Abläufe erklären	Die Nahrungskette beginnt mit … Marienkäfer fressen Blattläuse. Die Blattläuse werden von den Marienkäfern gefressen. Die Spitzmäuse fressen die Marienkäfer. Die Marienkäfer werden von den Spitzmäusen gefressen. **(Aktivformen – Passivformen)** Die Nahrungskette beginnt mit dem Sonnenlicht. Die Pflanzen brauchen das Sonnenlicht um zu wachsen. Dann saugen die Blattläuse … Dann werden die Blattläuse von den Marienkäfern gefressen. als Erstes …, zuerst …, dann …, danach …, schließlich …	die Höhe beträgt **(Kollokation)** *die Nahrung* die Nahrungsquelle die Nahrungskette das Habitat die Insekten die Raupe – die Raupen die Schnecke – die Schnecken die Heuschrecke – die Heuschrecken der Marienkäfer die Marienkäferlarve die Ameisen der Nektar der Blütensaft der Pflanzensaft
	Zeichnen und erklären Die Schüler/innen überlegen in Kleingruppen, wie sie die Nahrungskette *Sonnenlicht – Wilde Möhre – Blattlaus – Marienkäfer/Marienkäferlarve – Spitzmaus – …* darstellen können.	**Darstellungen erklären/begründen** (Anwendung der zuvor mündlich besprochenen Zusammenhänge)	Wir haben das so gezeichnet, weil … Wir haben Pfeile benutzt, weil … Wir haben Pfeile gezeichnet, weil … Wir haben Pfeile gezeichnet um zu zeigen, (dass) …	saugen sich ernähren von, sie ernähren sich von abhängen von, sie hängen von … ab *das Sonnenlicht*

Planungsrahmen *Pflanzen* - Klasse 4

Thema	Aktivitäten	Sprachhandlungen Mitteilungsbereiche	Sprachstrukturen	Vokabular
(1) **Welt des Waldes**	**Lesen** In Gruppen erhalten die Schüler/innen Texte und Abb. (mit Bezeichnungen) von verschiedenen Pflanzen u. Tieren. Sie überlegen, nach welchen Merkmalen sie diese sortieren können.	**Zuordnen** **Gruppenbildung begründen**	Diese … sind ähnlich, weil … Diese gehören zusammen … Das gemeinsame Merkmal ist … der/ein Unterschied ist, dass … wir sortieren nach der Form/ nach der Farbe/nach der Größe/nach dem Habitat/ nach der Schicht im Wald	sortieren nach *bestehen aus, besteht aus* **(Präpositionalverben)** das Merkmal der Unterschied das Gebiet – die Gebiete der Raum – die Räume
	Ergebnisse beschreiben Die Kinder stellen ihre Zuordnungen den Mitschülerinnen und Mitschülern vor.	**Absicht erklären** **Gruppenbildung begründen**	Wir wollten …; Wir dachten … Wir haben uns überlegt, dass … Das gehört zusammen. Das passt zusammen. Wir haben nach … sortiert.	der Boden der Waldboden *der Nährstoff – die Nährstoffe* die Lichtmenge
	(Rück-)Fragen werden gestellt.	**Fragen**	Warum? Aus welchem Grund? Kannst du erklären, warum … ?	verschiedene Schichten die Wurzelschicht die Moosschicht
	Gemeinsames Unterrichtsgespräch führt in den Stockwerkaufbau des Waldes und in das Konzept der Nahrungsbeziehungen ein.	**Ortsangaben machen**	im Waldboden in der Laubschicht unter den Bäumen im Holz der Bäume ‚Lebensgemeinschaft des Waldes' bedeutet, dass … ‚Nahrungsbeziehungen' bedeutet, dass … Die Bezeichnung ‚Nahrungsbeziehungen' bedeutet …	die Laubschicht die Strauchschicht die Baumschicht die Baumkrone – die Baumkronen der Laubbaum der Nadelbaum vielfältig das Eichenblatt der Fichtenzapfen die Eichel
	Lesen Die Kinder lesen dieselben Texte noch einmal. Sie ordnen Informationen den Bereichen Stockwerkaufbau des Waldes und Nahrungsnetz zu und erstellen Schaubilder.	**Zusammenhänge und Verbindungen erklären**	… sind miteinander verbunden … … sind aufeinander angewiesen … … sind voneinander abhängig … Der Satz enthält Informationen über.. Der Satz erklärt … Hier wird erklärt … … ist Teil der Nahrungskette	die Raupe des Eichenwicklers das Eichhörnchen der Buntspecht die Blaumeise der Habicht, der Baummarder die Lebensgemeinschaft die Nahrungskette die Nahrungsbeziehung
	Präsentieren und erklären Präsentation einiger Schaubilder	**Zusammenhänge und Verbindungen begründen**	Unser Nahrungsnetz zeigt … *Die Nahrungskette beginnt mit dem Sonnenlicht.* *Die Nahrungskette beginnt mit …* … fressen … … werden von … gefressen	das Nahrungsnetz das Gleichgewicht das Lebewesen – die Lebewesen gleichzeitig

Thema	Aktivitäten	Sprachhandlungen Mitteilungsbereiche	Sprachstrukturen	Vokabular
	Schreiben Die Schüler/innen schreiben einen kurzen erklärenden Text.	**Bedingungen benennen**	Jede Tier- und Pflanzenart ist für die ganze Lebensgemeinschaft wichtig. Zwischen allen Teilen des Nahrungsnetzes herrscht ein Gleichgewicht.	es herrscht ein Gleichgewicht **(Kollokation)** dienen als **(Präpositionalverb)**
		Zusammenhänge/ Gegenüberstellungen erklären	Wenn viele Fichten absterben, gibt es weniger Nahrung für … Wenn alle Habichte ausgerottet würden, … gäbe es mehr … **(Konjunktionalsätze/ Konditionalsätze)** Dann würde es auch … Das würde bedeuten, dass … Was würde passieren/geschehen, wenn …? **(Konjunktivformen)**	abhängen von schützen gegen umwandeln in **(Präpositionalverben, inkl. trennbare Verben)** der Boden das Klima
(2) **Das Holz des Waldes**	**Lesen** Die Schüler/innen lesen einen Text über den Wald als Holzlieferant. Sie erklären sich gegenseitig den Text.	**Zweck und Ziele ausdrücken**	Es/Das hängt von dem Boden und dem Klima ab. Früher …, aber heute … Die Menschen haben nun verstanden, dass … gegen … geschützt werden muss. **(Verbendstellung)** Es wurden … gepflanzt. Die Bäume konnten früher gefällt werden. **(Passiv)**	das Aufforsten **(Nominalisierung)** *abholzen, sie holzen ab* *nachwachsen, es wächst nach* aufforsten, man forstet auf der Sauerstoff das Kohlendioxid den Sauerstoff abgeben das Waldgebiet die Waldfläche
		Abläufe beschreiben	Man bevorzugt heute Mischwälder. Man hat erkannt, dass … **(unpers. Konstrukt. mit *man*)** Die Förster wandeln Nadelwälder in Mischwälder um. Die Bäume wandeln Kohlendioxid in Sauerstoff um. Bäume brauchen lange Zeit um zu wachsen. Um den Wald zu schützen … Um den Wald zu nutzen … **(Infinitivkonstruktionen)**	die Waldwirtschaft die Waldnutzung die Papierherstellung der (tropische) Regenwald – die Regenwälder *aufnehmen* die Feuchtigkeit die Verdunstung der Niederschlag die Temperatur schwankt das Kohlendioxid aufnehmen **(Kollokationen)**

Thema	Aktivitäten	Sprachhandlungen Mitteilungsbereiche	Sprachstrukturen	Vokabular
(3) **Regenwald**	**Vortragen** Anhand einer Grafik wird der Wasserkreislauf wiederholt und dann auf den Kontext ‚Regenwald' bezogen.	**Bedingungen beschreiben**	Wenn es regnet, nehmen die Pflanzen die Feuchtigkeit mit ihren Blättern und Wurzeln auf. Wenn das Wasser verdunstet, … Wenn sich die kleinen Wasserteilchen abkühlen, … **(Konjunktionalsätze)**	zwischen das Klima eine Höhe von x m erreichen die Urwaldriesen das Baumkronendach die Baumschicht einzelne Bäume die Strauchschicht
	Recherchieren Die Schüler/innen sammeln in Kleingruppen Informationen zu unterschiedl. Aspekten des Regenwaldes und setzen sie in Schaubilder um.	**Anordnungen beschreiben** **Größenordnungen beschreiben**	Unterhalb der Urwaldriesen … Die mittlere Schicht … Die größte … Der kleinste … Die drittgrößte Raubkatze nach Tiger und Löwe ist der Jaguar.	der Artenreichtum die Artenvielfalt das Wachstum die Wachstumsbedingungen die Verbreitung *das Aussehen* *die Ernährung* *die Nahrung*
	Präsent./erklären Präs. d. Schaubilder	**Vermutungen äußern**	Wir wollten zeigen/darstellen … Unser Schaubild zeigt …	die Vermehrung sich vermehren – sie vermehren sich
	Fotos von Regenwäldern und ihrer Zerstörung ansehen Die Kinder sehen sich in Kleingruppen die Fotos an, sprechen darüber und stellen ihre Vermutungen den Mitschülerinnen vor.	 **Fragen**	Wir vermuten, dass … Wir denken … Vielleicht ist es aber auch … Es könnte sein, dass … *Warum? Aus welchem Grund?* *Kannst du erklären, warum … ?* bei der Verbrennung bei der Rodung durch die Zerstörung **(Präpositionalangaben/ Nominalisierungen)**	die Gewinnung von … der Schutz die Vernichtung die Zerstörung die Rodung die Verbrennung **(Nominalisierungen)** Kohlendioxid entweicht der Großgrundbesitzer – die Großgrundbesitzer der – die Ureinwohner
	Rollenspiel TV-Disk. In Gruppen bereiten die Schüler/innen aus Sicht von Vertreterinnen und Vertretern verschiedener Interessengruppen Argumente für/gegen den Schutz des Regenwaldes vor.	**Einschätzungen und Bewertungen vornehmen** **Argumente begründen** **Sich auf andere Sprecher/innen beziehen**	Es ist sehr wichtig, weil … Für alle Menschen … Deswegen … Das ist richtig. Ich stimme zu. Ich stimme nicht zu, denn … Ich bin anderer Meinung, weil … Eine andere Möglichkeit wäre …	die Plantagen die Landwirtschaft die Armut die Arzneimittel die Zukunft die Verantwortung Verantwortung übernehmen verantwortlich

5.3 Planungsrahmen *Wasser* Klasse 1–4

Spiralcurriculare Perspektive auf den Themenbereich *Wasser*

	Klasse 1	Klasse 2	Klasse 3	Klasse 4
Thema/ fachliche Kerninhalte	**Wasserfeste Kleidung**	**Alle brauchen Wasser**	**Wasserkreislauf**	**(1) Grund- und Quellwasser** **(2) Gewinnung von Trinkwasser** **(3) Reinigung des Wassers**
Handlungs-betonte Elemente	Versuch zur Wasser-durchlässigkeit unter-schied. Materialien	Ein Plakat zum Thema ,Wasser sparen' gestalten	Versuche zur Verduns-tung	Versuche zur Was-serdurchlässigkeit verschiedener Bodenarten und zum Filtern von Schmutzwasser
Schreib-aktivitäten	Tabelle beschriften	Ein Faltbuch zu der Geschichte ,Aminatas Entdeckung' herstellen	Eintrag ins Forscher/innentage-buch	Gestaltung eines Falt-blatts für die Schule

Anregungen & Möglichkeiten für Unterrichtsaktivitäten – *Wasser* Klasse 1

	Aktivitäten
Planungsentscheidungen	Der Versuch zur Wasserundurchlässigkeit wurde hier gewählt, weil er sich sinnvoll mit dem Thema der geeigneten Kleidung im Herbst verbinden lässt und die Kooperations-fähigkeit der Kinder in Klasse 1 unterstützt. Gleichzeitig können die Kinder lernen, ihre Beobachtungen in eine einfache Tabelle einzutragen.
mögliche Unterrichts-szenarien	**Wasserfeste Kleidung** *Phase 1:* Versuch zur Wasser(un)durchlässigkeit unterschiedlicher Textilien und Materialien. *Phase 2:* Im gemeinsamen Gespräch Wörter finden dafür, „was der Tropfen macht"; dafür, „was der Stoff macht" sowie „wie wir besondere Wörter benutzen, um etwas genau zu sagen: die Kleidung ist *wasserfest, wasserundurchlässig*". *Phase 3:* Zeichnen und Schreiben in einer Tabelle (evtl. Forscher/innentagebuch).
DaZ-spezifische Übungs-schleifen	Tuwörter/Verben (*ich tropfe, es tropft*); Namenwörter (*der Tropfen*); Verneinung; Komposita (zu Materialien: der *Gummi*stiefel, der *Leder*stiefel; aber auch: die *Regen*jacke …).
Mehrsprachigkeit	,Wasser' und zu Wasser passende Worte in verschiedenen Sprachen sammeln; Bücher der Reihe des ,Regenbogenfischs' (Marcus Pfister) in verschiedenen Sprachen lesen; dazu schreiben (Bücher in unterschiedlichen zweisprachigen Ausgaben erhältlich).
Fremdsprache	*The Rainbow Fish* vorlesen.
Offene Ganztagsschule	Weitere Versuche rund um Wasser durchführen.
Lehrplan Deutsch	Einfache Verschriftungen zum ,Regenbogenfisch'.
globale Perspektive im SU	Gemeinsames Betrachten von Bildern von Kindern in verschiedenen Ländern in ähnli-chen *und* in unterschiedlichen Situationen des Umgangs mit Wasser.

Anregungen & Möglichkeiten für Unterrichtsaktivitäten – *Wasser* Klasse 2

	Aktivitäten
Planungsentscheidungen	Das Thema ‚Alle brauchen Wasser' lässt sich sehr gut verbinden mit dem Kinderbuch ‚Aminatas Entdeckung' (Monika Bulang Lörcher/Hans-Martin Große-Oetringhaus, hrsg. vom Grundschulverband/Projekt ‚Eine Welt in der Schule' 2006). Hier wird von einem Mädchen im Senegal erzählt, das entdeckt, auf welche Weise das Wasser eines Brunnens verschmutzt wird. Aktivitäten mit dem Buch können vorab/parallel zu den hier aufgenommenen Sachunterrichtsaktivitäten erfolgen.
mögliche Unterrichtsszenarien	**Alle brauchen Wasser** *Phase 1:* Die Schüler/innen sortieren Abbildungen zum Thema Wasser. Sie sollen die Kriterien, nach denen sie sortieren, selbst finden (z. B. Inhalt Wasser; Daher kommt das Wasser; Dafür brauchen Menschen Wasser). *Phase 2:* Die Kinder stellen ihre Zusammenstellungen den Mitschülerinnen und Mitschülern vor. Gemeinsames Gespräch: Wozu brauchen Menschen Wasser? Anschließend: Wie können wir Wasser sparen? *Phase 3:* Gestaltung eines Plakats für die eigene Klasse oder die Schule zu Möglichkeiten, Wasser zu sparen.
DaZ-spezifische Übungsschleifen	Mengenangaben und Vergleiche (auch in Verbindung mit dem Bereich Mathematik).
Mehrsprachigkeit	Umfrage zum Wasserverbrauch in verschiedenen Sprachen durchführen und dokumentieren.
Fremdsprache	Das Plakat zum ‚Wasser sparen' in der Fremdsprache gestalten: Imperative oder andere einfache Satzstrukturen.
Offene Ganztagsschule	Ein Modell von einem Brunnen bauen (siehe ‚Aminatas Entdeckung').
Lehrplan Deutsch	Faltbüchlein zum Buch ‚Aminatas Entdeckung' basteln und die Geschichte nacherzählen/ Schreibanlass.
globale Perspektive im SU	‚Aminatas Entdeckung' erzählt von einem Mädchen im Senegal, das entdeckt, wie das Wasser ihres Brunnens verschmutzt wird (s. o.).

Anregungen & Möglichkeiten für Unterrichtsaktivitäten – *Wasser* Klasse 3

	Aktivitäten
Planungsentscheidungen	Der Wasserkreislauf wird als Kernthema des Themas ‚Wetter' gewählt, bei dem Veränderungen zu beschreiben sind.
mögliche Unterrichtsszenarien	**Der Wasserkreislauf** *Phase 1:* Die Kinder führen unterschiedliche Versuche zur Verdunstung durch. *Phase 2:* Vorstellen der Beobachtungen und Erarbeitung des Wasserkreislaufs. *Phase 3:* Die Schüler/innen übertragen in Partnerarbeit ein Schema des Wasserkreislaufs auf Flipchart-Papier und erklären in einer 2. Forscher/innenkonferenz ihre Zeichnungen.
DaZ-spezifische Übungsschleifen	Konjunktionalsätze mit *wenn*; Präpositionalangaben (*bei der Verdunstung, bei Sonnenschein*).
Mehrsprachigkeit	Wettervorhersagen hören/lesen/in Tabellenform verfassen.
Fremdsprache	Wörter zum Thema ‚Wetter' in der Fremdsprache; Wettervorhersage lesen (Tabellenform)/übersetzen.
Offene Ganztagsschule	Experimente und Bastelarbeiten zum ‚Wetter' (z. B. Windmesser bauen).
Lehrplan Deutsch	Wetter-Gedichte, eine Wettervorhersage lesen und schreiben.
globale Perspektive im SU	Wetter und Klima in verschiedenen Ländern vergleichen.

Anregungen & Möglichkeiten für Unterrichtsaktivitäten – *Wasser* Klasse 4

	Aktivitäten
Planungsentscheidungen	Die hier genannten Vorschläge schließen an das Thema ‚Wasser' in den Klassen 2 und 3 an: Trinkwasserbrunnen (Kl. 2 im Kontext eines Kinderbuchs) und Wasserkreislauf (Kl. 3). Schwerpunkte sind die Entstehung des Grund- und Quellwassers (1), die Gewinnung von Trinkwasser (2) und die Reinigung des Wassers (3).
mögliche Unterrichtsszenarien	**(1) Grund- und Quellwasser** Nach einem einführenden Gespräch über die Bedingungen eines fairen Tests, bei dem nur eine Variable verändert wird: *Phase 1:* In Gruppen untersuchen die Schüler/innen die Wasserdurchlässigkeit unterschiedlicher Bodensorten. *Phase 2:* Die Gruppen tragen ihre Ergebnisse den anderen Kindern vor. Vertiefung von Fachbegriffen und Erklärung der Grundwasserbildung. *Phase 3:* In den Gruppen fertigen die Schüler/innen Schaubilder zu Vorgängen an, die der vorher gezeigten Grundwasserbildung ähnlich sind: Quellwasserbildung in den Bergen, Grundwasserbildung in der Wüste und Grundwasserbildung unter Verwendung eines weiteren Schaubildes (Diff.). Sie schreiben einen Erläuterungstext und erklären sich gegenseitig ihre Schaubilder. **(2) Gewinnung von Trinkwasser** *Phase 1:* Die Schüler/innen lesen in Gruppen jeweils einen Text zur Funktionsweise verschiedener Formen der Trinkwassergewinnung: Uferfiltrat- oder Grundwasserbrunnen, Nutzung von Quellwasser oder Wasser aus Stauseen. Die Kinder notieren Stichpunkte. *Phase 2:* Die Gruppen stellen den anderen Gruppen vor, was sie herausgefunden haben. Gemeinsames Unterrichtsgespräch zu den Abläufen im Wasserwerk. *Phase 3:* Die Schüler/innen beginnen ein Info-Faltblatt zum Thema ‚Unser Trinkwasser'. Sie zeichnen ein Schema, beschriften es und schreiben einen kurzen Text zur Verwendung von Grund- und Quellwasser für die Trinkwassergewinnung. **(3) Reinigung des Wassers** *Phase 1:* Die Schüler/innen führen einen Versuch zur Reinigung von Schmutzwasser durch. Jede Gruppe verwendet für die Verunreinigung ein anderes Mittel (Kreide, Tinte, Spülmittel, Pfützenwasser und Staubwasser) und gießt das Wasser durch aufeinandergeschichtete Blumentöpfe, die jeweils mit Kies, Sand, Aktivkohle und einem Kaffeefilter gefüllt sind. *Phase 2:* Die Gruppen stellen sich gegenseitig vor, was sie herausgefunden haben; die Schüler/innen werden in die Reinigung des Wassers durch die Natur eingeführt. Daran schließt ein Unterrichtsgespräch zu den Abläufen im Klärwerk – als Reinigung des Wassers durch den Menschen – und die Bedeutung von Wasserschutzgebieten an. *Phase 3:* Die Schüler/innen führen das Info-Faltblatt fort und schreiben einen Absatz zur Bedeutung eines Wasserschutzgebietes und zum Schutz des Grundwassers.
DaZ-spezifische Übungsschleifen	Sätze mit adverbialen Satzverbindungen *dazu, dabei;* Verwandlung von Sätze mit *um … zu, damit …* in Nominalisierungen (Quellwasser ist *zur Gewinnung* von Trinkwasser sehr gut geeignet); Passivformen.
Mehrsprachigkeit	Sprache untersuchen: Passivformen in verschiedenen Sprachen; das Faltblatt zum Trinkwasser in verschiedenen Sprachen gestalten.
Fremdsprache	Das Faltblatt in der Fremdsprache gestalten.
Offene Ganztagsschule	Wiederholung der Filtrationsversuche zusammen mit Kindern aus anderen Klassen oder Jahrgangsstufen.

	Aktivitäten
Lehrplan Deutsch	Informationen in einem Faltblatt darstellen.
Übergang zur Sek. 1	Die Schüler/innen schreiben Versuchsprotokolle zu ihren Versuchen.
globale Perspektive im SU	Bedingungen der Trinkwasserversorung in verschiedenen Klimazonen vergleichen.

Planungsrahmen *Wasser* – Klasse 1

Thema	Aktivitäten	Sprachhandlungen Mitteilungsbereiche	Sprachstrukturen	Vokabular
der Unterrichtsreihe, -einheit oder -stunde	• Aktivitäten, die fachliches und sprachliches Handeln im Unterricht verbinden • Verbindung zwischen dem Thema und den Sprachhandlungen	• Welche Sprachhandlungen sollen die Schüler/innen umsetzen? • In welchen Mitteilungsbereichen müssen sie dabei über sprachliche Mittel verfügen? • Verbindung zu kognitiven Aktivitäten	• Welche Sprachstrukturen benötigen die Schüler/innen, um die Sprachhandlungen und Mitteilungsbereiche umzusetzen und so das Thema zu bearbeiten? • Welche sprachlichen Alternativen gibt es?	• Welches fachsprachliche Vokabular ermöglicht es den Schülerinnen und Schülern, über das Thema zu lernen?
Wasserfeste Kleidung	**Versuch durchführen** Die Kinder gießen Wassertropfen auf unterschiedliche Stoffe/Materialien. **Vom Versuch berichten** Die Kinder berichten den anderen, was sie herausgefunden haben. **Gemeinsam ‚genaue' Wörter finden und ‚etwas genau sagen'** Die Kinder werden eingeführt in *„Wir sprechen wie Forscher und Forscherinnen …"*	**Beschreiben**	Wir wollten wissen … Wir wollten herausfinden … Wir haben x Stoffe herausgesucht … Wir haben verschiedene Materialien genommen. Wir haben verschiedene Stoffe … Wir haben ausprobiert, ob … **(Satzstrukturen beim Perfekt)**	das Wasser der Regen der Tropfen – die Tropfen gießen tropfen trocknen **(untrennbare Verben)** das Material
		Benennen, identifizieren	die Regenjacke der Gummistiefel der Stoffschuh der Lederschuh **(Komposita)** Die Jacke/Hose ist/besteht aus … Die Regenjacke ist/besteht aus … Die Gummistiefel sind/bestehen aus …	der Stoff der/das Gummi das Plastik der Jeansstoff der Gummistiefel – die Gummistiefel die Regenjacke bestehen aus – sie besteht aus
		Identifizieren	Der Stoff/das Material *der* Regenjacke/*der* Hose – *des* Gummistiefels **(Genitive)**	aufsaugen, er saugt auf aufnehmen, er nimmt auf durchlassen, sie lässt durch
		Vorgang beschreiben	Der Stoff nimmt das Wasser auf. Der Stoff saugt das Wasser auf. Die Regenjacke hält den Regen ab. **(Satzstruktur bei trennbaren Verben)** Die Regenjacke schützt gegen/vor …	abhalten, sie hält ab **(trennbare Verben)** wasserfest die wasserfeste Kleidung wasserundurchlässig wasserdurchlässig **(zusammengesetzte Adjektive)**
	Schreiben Die Kinder zeichnen und schreiben in eine Tabelle.	**Identifizieren**	Das Material ist wasserfest. Der Stoff ist wasserfest. Das Material ist wasserundurchlässig. Der Stoff ist wasserdurchlässig. **(Adjektive)**	schützen gegen/vor die Tabelle – die Tabellen

Planungsrahmen *Wasser* – Klasse 2

Thema	Aktivitäten	Sprachhandlungen Mitteilungsbereiche	Sprachstrukturen	Vokabular
Alle brauchen Wasser	**Abb. sortieren** Die Schüler/innen sortieren Abb. zum Thema ‚Wasser'. **Zusammenstellung vorstellen** Die Kinder stellen ihre Zusammenstellungen den Mitschüler/innen vor.	 **Zusammenstellung begründen** **Fragen**	Das Bild gehört hierhin. Das Foto gehört dorthin. Wir legen zusammen , weil … Wir haben … zusammengelegt, weil … Das gehört zusammen, weil … Dieses Foto zeigt, wie … Auf diesem Foto sieht man … Warum gehört das zusammen? Warum habt ihr … zu … gelegt? Was ist hier drin? Woher kommt das/dieses Wasser? Wozu brauchen Menschen Wasser?	das Wasser das saubere Wassr das schmutzige Wasser das Gewässer – die Gewässer der Wasserhahn das Waschbecken das Trinkwasser das Salzwasser das Süßwasser **(Komposita)**
	Gemeinsames Unterrichtsgespräch über den Wasserverbrauch	**Zweck beschreiben**	Wir verbrauchen Wasser, wenn wir … Wir brauchen Wasser, um zu leben. Wir brauchen Wasser, um zu duschen. **(Infinitivkonstruktionen)** Man braucht Wasser … **(unpersönl. Formulierung mit *man*)** Wir wollen duschen. *Dazu* brauchen wir Wasser. Wir wollen Wäsche waschen. *Dafür* brauchen wir Wasser. **(satzverbindende Adverbien)** Wir brauchen Wasser zum Putzen. Wir brauchen Wasser zum Spielen. Wir verbrauchen Wasser beim Zähneputzen. **(auch alltagssprachl. gebräuchliche Nominalisierungen)**	Wasser benutzen Wasser verbrauchen **(Kollokation)** der Wasserverbrauch **(Nominalisierung)** duschen waschen putzen Blumen gießen an einem Tag/am Tag/ pro Tag täglich jeder jede Person im Durchschnitt

Thema	Aktivitäten	Sprachhandlungen Mitteilungsbereiche	Sprachstrukturen	Vokabular
	Fortführung des gemeinsamen Unterrichtsgesprächs (unter Verwendung eines Schuabildes) über Möglichkeiten Wasser zu sparen.	**Bedingungen beschreiben** **Mengen vergleichen**	Das Schaubild zeigt, dass … Wir brauchen *genauso viel* Wasser für die Waschmaschine *wie* für die Toilettenspülung (an einem Tag). Wir verbrauchen *mehr* Wasser beim Baden in der Badewanne als beim Duschen. Wenn ich dusche, verbrauche ich *weniger* Wasser, *als* wenn ich bade. *doppelt/dreimal so viel (wie)*	sparen vergeuden verschwenden **(untrennbare Verben)** ein hoher Wasserverbrauch der Wasserverbrauch beträgt **(Kollokation)**
	Plakat gestalten Die Schüler/innen gestalten ein Plakat zum Thema ‚Wasser sparen'.	**Bedingungen beschreiben** **Erklären** **Appellieren**	Wir sollten Wasser sparen, weil … Wir können Wasser sparen, weil … Es ist besser, wenn die Waschmaschine voll ist, weil … Wenn wir den Wasserhahn beim Zähneputzen zudrehen, sparen wir Wasser. Spare! Spart! Vergeude/vergeudet kein Wasser! Schließe den Wasserhahn, wenn … Fülle die Waschmaschine bis zum Rand, wenn … Sammle das Regenwasser, um Wasser zu sparen! **(Imperative)**	aufdrehen, ich drehe auf zudrehen, ich drehe zu **(trennbare Verben)**

Planungsrahmen *Wasser* – Klasse 3

Thema	Aktivitäten	Sprachhandlungen Mitteilungsbereiche	Sprachstrukturen	Vokabular
Der Wasser-kreis-lauf	**Experimentieren** Die Kinder führen in Gruppen je ein Experiment zur Verdunstung durch u. beobachten an den beiden darauf folgenden Tagen, was geschehen ist.	**Abläufe beschreiben** **Beobachtungen beschreiben**	als Erstes ..., zuerst ..., dann ... am nächsten Tag ..., nach einen Tag am zweiten Tag ... Wir haben beobachtet, dass ... Wir konnten sehen ...	ein Experiment durchführen **(Kollokation)** abmessen, ich messe ab *hineingießen, ich gieße hinein*
	Beschreiben Die Schüler/innen beschreiben ihre Versuche und Beobachtungen.	**Mengen vergleichen**	gleich viel gleich große Handtücher/Schalen das Wasser ist/steht höher/niedriger als ... ist mehr verdunstet als ... die größere/kleinere Wasseroberfläche	die Verdunstung **(Nominalisierung)** verdunsten entstehen gelangen versickern **(untrennbare Verben)**
	Zeichnen und schreiben Die Kinder beschreiben ihre Versuche u. Beobachtungen im Forscher/innen-tagebuch.	**Fragen** **Vermutungen äußern**	*Warum?* *Aus welchem Grund?* *Kannst du erklären, warum ... ?* Wir vermuten, dass ... Wir denken, dass ... Wir nehmen an, dass ...	aufsteigen, er steigt auf *bestehen aus, er besteht aus* **(trennbare Verben)**
	Das Konzept des Wasserkreislaufes verstehen Die Kinder werden mit einem Schaubild in die Abläufe des Wasserkreislaufs eingeführt. Sie übertragen die Zeichnung auf Flipchart-Papier.	**Bedingungen/Abläufe beschreiben**	Wenn die Sonne scheint, ... Wenn das Wasser verdunstet, ... Wenn der Wasserdampf aufsteigt, ... Wenn die Tropfen schwerer werden, ... Wenn es regnet, ... Wenn sich die kleinen Wasserteilchen abkühlen, entstehen Tröpfchen. Wenn der Wasserdampf kondensiert, ... **(Konjunktionalsätze/temporale Nebensätze)** bei schönem Wetter bei Regen bei der Verdunstung **(Präpositionalangaben)**	die Sonnenwärme der Sonnenschein der Wasserdampf das Wasserteilchen – die Wasserteilchen die Wasseroberfläche der Niederschlag das Grundwasser der Wasserkreislauf **(Komposita)** gasförmig flüssig kondensieren

Thema	Aktivitäten	Sprachhandlungen Mitteilungsbereiche	Sprachstrukturen	Vokabular
	Präsentieren und erklären Die Schüler/innen erklären den Wasserkreislauf mithilfe ihrer Flipchart-Zeichnungen.	**Identifizieren**	die winzigen Wasserteilchen die unsichtbaren Teilchen Die Teilchen, die unsichtbar sind, steigen … Die Teilchen, die sich abkühlen, … **(Relativsätze)**	sich befinden, es befindet sich sich bildet, es bildet sich sich abkühlen, es kühlt sich ab sich erwärmen, es erwärmt sich
		Richtungsangaben machen	… steigen in die Luft/nach oben … verdunstet vom Boden/aus den Pfützen/aus den Flüssen … versickert im Boden	sich sammeln, es sammelt sich **(reflexive Verben)** sich verwandeln in–
		Begründen	Es regnet, weil … Es geht kein Wasser verloren, weil … Es heißt ‚Wasserkreislauf', weil …	verwandelt sich in **(Präpositionalverb)** Niederschlag fällt **(Kollokation)**
		Fragen	Woraus bestehen Wolken? Was passiert, wenn … ?	 als Regen/Schnee/Hagel

Planungsrahmen *Wasser* – Klasse 4

Thema	Aktivitäten	Sprachhandlungen Mitteilungsbereiche	Sprachstrukturen	Vokabular
(1) **Grund- und Quell-wasser**	**Unterrichtsgespräch:** Was ist ein ‚faires Experiment'/‚fairer Test'?	**Erklären**	Wenn wir ein faires Experiment/ einen fairen Test durchführen wollen, müssen/dürfen wir … Wenn man ein faires Experiment durchführen will, muss/darf man … (Konjunktionalsätze/Konditionals.)	der faire Test das faire Experiment der Durchgang – die Durchgänge verändern
	Versuch durchführen Die Schüler/innen führen in Gruppen Experimente zur Wasserdurchlässigkeit von verschied. Bodensorten durch. Die Gruppen arbeiten mit je drei Bodenarten oder auch z. B. verschiedenen Stärken von Kies.	**Mengen vergleichen**	die Menge des Wassers ablesen Wir messen die Zeit, die das Wasser braucht, um in das Glas sickern. **(Relativsatz)** jedes Mal Wir verändern in jedem Durchgang nur eine Sache. Wir lassen … gleich. Die Menge des Wassers bleibt gleich. Die Höhe der Bodenarten bleibt gleich.	unverändert gleich bleiben die Menge (des Wassers) die Höhe (der Schicht) der Boden die Schicht – die Schichten der Humus der Sand der Kies der Ton *die Blumenerde* die Bodenart – die Bodenarten
	Berichten Die Schüler/innen beschreiben mündlich ihre Versuchsergebnisse.	**Beschreiben** **Abläufe beschreiben**	Wir haben herausgefunden, dass … Unser Experiment zeigt, dass am schnellsten am langsamsten Das Wasser brauchte am längsten/ am kürzesten durch … Das Wasser brauchte … Sekunden/ Minuten um in das Glas zu sickern. (Infinitivkonstruktionen)	die Bodenschicht – die Bodenschichten die Sand-, Kies-, Ton-, Lehmschicht das Grundwasser das Quellwasser **(Komposita)** versickern messen der Messbecher
		Fragen	Was habt ihr … gleich/unverändert gelassen? Was habt ihr verändert?	*wasserdurchlässig* *wasserundurchlässig*
	Die Grundwasserbildung verstehen Die Kinder werden mit einem Schaubild in die Grundwasserbildung eingeführt.	**Erklären** **Abläufe beschreiben**	Wenn es regnet, … Wenn das Wasser auf eine wasserundurchlässige Schicht trifft, …	die Wasserdurchlässigkeit die Wasserundurchlässigkeit **(Nominalisierung von Adjektiven)**

Thema	Aktivitäten	Sprachhandlungen Mitteilungsbereiche	Sprachstrukturen	Vokabular
	Lesen In Gruppen lesen die Kinder jeweils einen kurzen Text entweder zur Quellwasserbild., zur Entst. des Grundwassers in der Wüste o. zur Grundwasserbildung (Diff.). Jede Gruppe fertigt ein Schaubild zu ihrem Text an.	**Orts- und Richtungsangaben machen**	im Boden durch die Schichten hindurch … oberhalb/auf/über der Tonschicht zwischen den Lehmschichten in den Bergen an manchen Stellen an einer Quelle an Quellen aus dem Boden	*sich bilden, es bildet sich* *sich sammeln, es sammelt sich* *entstehen* hindurchsickern, es sickert hindurch hindurchlassen, sie lassen hindurch heraustreten, es tritt heraus
	Präsent./erklären Die Kinder erklären ihren Mitschülerinnen und Mitschülern die Schaubilder.	**Abläufe beschreiben**		
	Schreiben Die Schüler schreiben einen Text zu ihrem Schaubild.			
(2) Gewinnung von Trinkwasser	**Einem Text Informationen zur Trinkwassergewinnung entnehmen** In Gruppen lesen die Schüler/innen jeweils einen Text zu einer Form der Trinkwassergewinnung. Sie notieren Stichpunkte.	**Orts- und Richtungsangaben machen**	vom … zum … vom Brunnen … zum Wasserwerk vom Belüftungsbehälter zum … … in das Becken/den Behälter/die Anlage, wo …	*das Lebensmittel* das Wasserwerk das Trinkwasser die Wasserleitung der (Trink-)Wasserverbrauch der Grundwasserbrunnen der Uferfiltratbrunnen der Sandfilter die Talsperre der Belüftungsbehälter das Desinfektionsbecken der Reinwasserbehälter **(Komposita)** entkeimen desinfizieren **(untrennbare Verben)** Trinkwasser gewinnen **(Kollokation)**
	Erklären Die Kinder erklären den Mitschülerinnen und Mitschülern, was sie herausgefunden haben.	**Abläufe/Vorgänge beschreiben**	Das Wasser wird im Boden gefiltert. Trinkwasser wird aus Grundwasser gewonnen. Trinkwasser wird nicht direkt aus dem Fluss entnommen. Das Grundwasser wird hochgepumpt. Das Wasser wird vom … zum Wasserwerk geleitet. Wasser wird im Wasserwerk gereinigt. **(Passiv, inkl. trennbare Verben)**	

Thema	Aktivitäten	Sprachhandlungen Mitteilungsbereiche	Sprachstrukturen	Vokabular
	Das Wasserwerk verstehen Die Kinder werden mit einem Schaubild in die Funktionsweise eines Wasserwerks eingeführt.		Das Wasser wird gereinigt, *sodass* wir es trinken können. Das Wasser wird durch Sand geleitet, *sodass* es gefiltert wird. Das Wasser wird entkeimt, *sodass* man es trinken kann. **(Konjunktionalsätze/ Konsekutivsätze)**	das Ufer fließen leiten pumpen filtern entnehmen *gelangen* **(untrennbare Verben)**
	Schreiben Die Schüler/innen schreiben einen kurzen Text über die Verwendung von Grund- und Quellwasser bei der Trinkwassergewinnung für ein Info-Faltblatt.	**Erklären** (Wiederholung der zuvor mündlich durchgeführten Sprachhandlungen)	Quellwasser/Grundwasser ist *für die Gewinnung* von Trinkwasser geeignet. Sand ist *zur Reinigung* des Wassers geeignet. Beim Versickern … *Bei der Aufbereitung* im Wasserwerk, wird das Wasser gefiltert und entkeimt. zur Verfügung stehen **(Präpositionalangaben mit Nominalisierung)**	(nicht) direkt die Qualität/ die Beschaffenheit des Wassers **(abstrakte Begriffe)**
(3) Reinigung des Wassers	**Experimentieren** Die Schüler/innen führen Experimente zur Reinigung des Grundwassers ‚in der Natur' durch die Filterwirkung des Bodens durch.			das Schmutzwasser der Filter – die Filter *der Blumentopf – die Blumentöpfe* das Einmachglas – die Einmachgläser *der Kies* *der Sand*
	Erklären Die Kinder erklären den Mitschülerinnen, was sie herausgefunden haben.	**Abläufe beschreiben**	Wir haben herausgefunden, dass … Unser Experiment zeigt, dass … **(Konjunktionalsätze mit** dass**)** Wir haben das Wasser mit … verunreinigt/verschmutzt. Das Wasser wurde verschmutzt. Das Wasser wurde gefiltert. **(Passiv)**	die Aktivkohle der Kaffeefilter/ das Filterpapier die Tinte die Kreide das Spülmittel das Pfützenwasser

Thema	Aktivitäten	Sprachhandlungen Mitteilungsbereiche	Sprachstrukturen	Vokabular
		Identifizieren	das durchgesickerte/durchgelaufene Wasser **(Aktiv in Partizipialkonstruktionen)** das verschmutzte/verunreinigte Wasser das gefilterte Wasser **(Passiv in Partizipialkonstruktionen)** Das Wasser, das mit Kreide verunreinigt war, ... Das Wasser, das verunreinigt/verschmutzt/gefiltert wurde, ... **(Relativsätze)**	*hineinfüllen, sie füllt hinein* aufeinanderstellen, er stellt aufeinander herstellen, sie stellt her ausleeren, er leert aus durchlaufen, es läuft durch (hin)durchsickern, es sickert (hin)durch **(trennbare Verben)** verschmutzen verunreinigen untersuchen wiederholen filtern **(untrennbare Verben)**
		Fragen	Wie sah das ... aus?	
		Vergleichen/ zeitliche Verhältnisse ausdrücken	Bevor wir das Schmutzwasser gefiltert haben, ... Nachdem wir das Schmutzwasser gefiltert haben, ... vor der Filterung nach der Filterung	sichtbar unsichtbar durchsichtig/ undurchsichtig klar/trübe die trübe Flüssigkeit feine/grobe Staubteile
	Das Klärwerk verstehen Die Kinder werden mit einem Schaubild in die Funktionsweise eines Klärwerks eingeführt.	**Richtungsangaben machen**	*vom ... zum* *vom* Abwasserwasserpumpwerk *zur* Rechenanlage Das Abwasser wird von ... zum Klärwerk geleitet.	die Verschmutzung die Verunreinigung die Filterung **(Nominalisierungen)**
		Erklären	Das Wasser wird im Klärwerk gereinigt. Kleine Teile von Schmutz sinken auf den Boden. Das Wasser wird in den Fluss geleitet. Schmutz, der leichter ist als Wasser, schwimmt oben. **(Relativsatz)** *das gefilterte Wasser* das geklärte Wasser **(Passiv in Partizipialkonstruktionen)**	Wasser klären das Sieb – die Siebe der Rechen – die Rechen der Sandfang das Abwasserpumpwerk die Rechenanlage das Vorklär-/Nachklärbecken das Belebungsbecken **(mehrteilige Komposita)**

Thema	Aktivitäten	Sprachhandlungen Mitteilungsbereiche	Sprachstrukturen	Vokabular
	Gemeinsames Unterrichtsgespräch: Wasserschutzgebiete (in Anknüpfung an den Filterversuch mit Spülmittel, bei dem das Wasser schäumt, wenn man es umrührt)	**Fragen**	Warum braucht man Wasserschutzgebiete? Was kann das Grundwasser verunreinigen? Wodurch kann das Grundwasser verunreinigt werden?	die nützlichen Bakterien die Flocken der Schlamm Die Bakterien fressen Die Bakterien bauen … ab **(Kollokationen)**
		Erklären	Trinkwasser wird im Wasserschutzgebiet gewonnen.	herausssieben, er siebt heraus
	Schreiben Die Schüler/innen setzen ihr Info-Faltblatt mit einem Absatz über Wasserschutzgebiete fort.	**Appellieren** (Wiederholung der zuvor mündlich erfolgten Sprachhandlungen)	Man muss das Grundwasser schützen. Man muss dafür sorgen, dass … **(unpersönl. Formul. mit** man) Stoffe, die für die Menschen gefährlich sind, dürfen nicht … Stoffe, die eine Gefahr für die Gesundheit sind, dürfen nicht … **(Relativsätze)** Es ist sehr/äußerst wichtig … Es ist die Verantwortung aller …	sich absetzen *sich bilden, es bildet sich* **(reflexive Verben)** das Gebiet – die Gebiete die Umgebung das Wasserschutzgebiet die Regel – die Regeln der Schadstoff – die Schadstoffe der Abfallstoff – die Abfallstoffe das Öl das Benzin die giftigen Chemikalien der Dünger die Umwelt schützen die Verantwortung verantwortlich Verantwortung übernehmen **(Kollokation)**

6. Anknüpfungsspunkte der Planungsrahmenarbeit

In den vorangegangenen Abschnitten haben wir die Arbeit mit dem Planungsrahmen hinsichtlich der zugrunde liegenden sprachtheoretischen und sachunterrichtsdidaktischen Begründungen beschrieben. Die vorgelegten Rahmen sollten diese Zusammenhänge konkretisieren und zudem zeigen, welche Möglichkeiten sich ergeben, wenn man die Planungsrahmen mit einer spiralcurricularen Perspektive verwendet. Dabei haben wir in den Rahmen am *Scaffolding*-Konzept orientierte Unterrichtsaktivitäten berücksichtigt. Zum Abschluss dieser Handreichung führen wir nun Aspekte an, die wichtig sind, um die Planungsrahmenarbeit mit anderen in den Bereichen der Sprachbildung und des Sachunterrichts gängigen pädagogisch-didaktischen Praktiken und Routinen zu verbinden.

Abstimmung mit diagnosegestützter Förderung

Bei der Arbeit mit dem Planungsrahmen und beim Unterrichtsarrangement des *Scaffolding* können individualisierte Lernangebote sowohl bei der Planung als auch bei den beschriebenen Prozessen des *micro-mode shifting* in den Interaktionen des Unterrichtsgesprächs und bei den schriftlichen Aktivitäten der *Scaffolding*-Phase 3 berücksichtigt werden. Da Sprachhandlungen und Mitteilungsbereiche auf grammatisch unterschiedlich komplexe Art und Weise umgesetzt werden können, lassen sich im Planungsrahmen verschiedene Sprachstrukturen und ebenso verschiedenes Vokabular aufführen, auf das im Verlauf des Unterrichts zurückgegriffen wird und welches wiederum unterschiedliche Satzstrukturen erfordert.

Differenzierungsangebote können passgenauer und im Unterrichtsgeschehen auch flexibler erfolgen, wenn man bei der Planung eine Verknüpfung zu diagnostischen Mitteln herstellt. Hier bieten sich am Übergang vom Elementarbereich zur Grundschule das ‚Hamburger Verfahren zur Analyse des Sprachstands Fünfjähriger' (HAVAS 5) (Reich/Roth 2004; siehe auch Roth 2014)[51] und in der Grundschulzeit die ‚Profilanalyse für Deutsch' (Grießhaber 2005, 2013; siehe auch Heilmann 2012) an. In beiden als Profilanalysen angelegten Verfahren wird davon ausgegangen, dass bei der Aneignung der deutschen Sprache bestimmte Stufen durchlaufen werden, für die die Formen und die Stellung des Verbs als der zentralen, den Satz organisierenden Einheit, als Indikatoren verwandt werden können.[52] Die Ergebnisse solcher Verfahren lassen sich beim Planungsrahmen in

51 HAVAS 5 liegt mit einem Auswertungsschema für Deutsch, Italienisch, Polnisch, Portugiesisch, Russisch und Türkisch vor. Es handelt sich also um ein Instrument zur Profilanalyse in Erst- *und* Zweitsprache.

52 In der Auswertung zu HAVAS 5 in deutscher Sprache werden folgende Stufen der Verbstellung unterschieden: (Stufe 1) einfache Verben an zweiter Stelle im Satz; (2) zweiteilige Verbformen: Modalverb und Infinitiv; Verben mit getrenntem Präfix; (3) Verb am Ende von Nebensätzen; Verben vor dem Subjekt/Inversion; (4) zusammengesetzte Vergangenheitsform sowie (5) Passiv; Zustandspassiv; Futur; Konjunktiv (vgl. Reich/Roth 2004, Auswertungsbogen). HAVAS 5 umfasst darüber hinaus auch andere Beobachtungskritierien (siehe Roth 2014). Auch in der Profilanalyse nach Wilhelm Grießhaber werden Stufen der Verbform und -stellung unterschieden: (Stufe 0) bruchstückhafte Äußerung ohne Verb; (Stufe 1) finites Verb in einfachen Äußerungen; (2) Trennung finiter und infiniter Verbteile;

den Abschnitten zu Sprachstrukturen und zum Vokabular berücksichtigen. Beispielsweise finden sich in den Rahmen des Themenkomplexes ‚Pflanzen' (siehe Seite 75–89) folgende Satzstrukturen, die sich den Stufen der Profilanalyse nach Grießhaber (2013) zuordnen lassen:[53]

- *Wir gießen ... mit Wasser.*
  (Stufe 1)
- *Das sieht genauso aus.*
  (Stufe 2, trennbare Vorsilbe am Satzende)
- *Wir wollen Blumenzwiebeln einpflanzen.*
  (Stufe 2 Modalverb und Vollverb; hier trennbares Verb)
- *Diese Kressepflanzen haben kein Licht bekommen.*
  (Stufe 2: Perfekt mit Hilfsverb und Vollverb)
- *Danach stecken wir die Blumenzwiebeln in die Erde.*
  (Stufe 3: Subjekt nach finitem Verb)
- *Wir nennen den Löwenzahn so, weil ...; Wir haben beobachtet, dass (der Stängel gewachsen ist.); Wenn die Gräser und Blumen hoch gewachsen sind, ...*
  (Stufe 4: Nebensätze nach unterordnender Konjunktion mit finitem Verb in Endstellung)
- Das Schälchen, das im ... stand, hat ...
  (Stufe 5: Einfügung eines Nebensatzes; hier Relativsatz).

Bei der Verbindung sprachlichen und fachlichen Lernens im Sachunterricht wird ein ‚Angebot' geschaffen, auf das die Kinder der jeweiligen Klasse ihren heterogenen Lernvoraussetzungen entsprechend aktiv zugreifen können um die im Unterricht erforderlichen Sprachhandlungen zu vollziehen. Der Angebotscharakter steht nicht in einem Widerspruch zum Kerngedanken der Planung bei der Rahmenarbeit, sondern verweist auf den grundsätzlichen Charakter unterrichtlichen Sprachhandelns: Die Lehrkraft gestaltet den Unterricht in einer Weise, die dem jeweiligen Kind die Aneignung neuer sprachlicher Ressourcen und die Weiterentwicklung seiner sprachlichen Kompetenzen *ermöglicht*. Wie mit der Skizzierung der Input-Interaktion-Output-Sequenz verdeutlicht werden sollte, können solche Prozesse durch Planung und *micro-mode shifting* unterstützt werden. „Die Förderziele liegen jeweils in der ‚Zone der nächsten Entwicklung'. Dazu können insbesondere auch die jeweiligen ‚Übergangserscheinungen' wertvolle Hinweise geben" (Roth/Reich 2007: 88). Die Zone der nächsten Entwicklung wird aber jeweils – das sollte das bereits angeführte Zitat unterstreichen – „eher durch Aushandeln zwischen dem kompetenteren Partner und dem Lernenden geschaffen [...] als dadurch, dass das Gerüst als eine Art Klettergerüst aus Fertigteilen vorgesetzt wird" (Daniels 2001: 59). In welcher Weise Erkenntnisse eines Diagnoseverfahrens für die Unterrichtspraxis genutzt werden, bleibt eine pädagogisch-didaktische Entscheidung und profilanalytische Sprachdiagnosen können Lernschritte für die nächste Entwicklung, nicht jedoch das Unterrichtssetting selbst

---

(3) Subjekt nach finitem Verb/Inversion; (4) Nebensätze mit finitem Verb in Endstellung sowie – in der Regel nach der Grundschule – (5) eingefügter Nebensatz (Relativsatz) sowie (6) erweitertes Partizipalattribut in einer Nominalkonstruktion (vgl. Heilmann 2012: 13 f.; Grießhaber 2013).

53 Es würde einen weiter gefassten Rahmen als diese Handreichung erfordern, den Bereich der Sprachdiagnose zu thematisieren (siehe Ehlich u. a. 2005; die Beiträge in Lengyel u. a. 2009; Neugebauer/Becker-Mrotzek 2013). Sprachdiagnostische Verfahren werden immer auch kontrovers diskutiert; siehe diesbezüglich für die unterrichtspraktische Reichweite der hier angeführten Profilanalyse Rösch 2011: 56 f.

bestimmen. In den mit den Planungsrahmen ausgearbeiteten Settings wird der Sachunterricht genutzt, um seitens der Lehrkraft bewusst und fortlaufend solche Angebote zu machen und zugleich die Aufmerksamkeit der Schülerinnen und Schüler durch das ‚Sprechen über das Sprechen' auf diese Angebote zulenken. Insgesamt werden also die jeweils nächsten Schritte sowohl im Sinne impliziten als auch expliziten Lernens vorbereitet, es werden Gelegenheiten zum aktiven Aufgreifen für die Schülerinnen und Schüler bewusst geschaffen und schließlich kann Gelerntes durch Wiederholungen innerhalb einer Unterrichtseinheit geübt sowie in unterschiedlichen thematischen Zusammenhängen gefestigt werden.

DaZ-didaktische Übungsschleifen

Hier schließt die Frage der DaZ-didaktischen Übungsschleifen an. Darunter ist die Möglichkeit zu verstehen, zusätzlich zu der beim *Scaffolding* erfolgenden Verbindung sprachlichen und fachlichen Lernens als einem durchgängigen Prinzip weitere Gelegenheiten für die Schülerinnen und Schüler zu schaffen, sich mit bestimmten Aspekten der deutschen Sprache, die in der didaktischen Diskussion häufig als ihre ‚Stolpersteine'[54] bezeichnet werden, vertiefend im Rahmen der Sachunterrichtseinheit oder auch in Abstimmung mit dem Deutschunterricht auseinanderzusetzen. Die Frage, in welches Verhältnis eine durchgängige Sprachbildung und DaZ-förderspezifische Maßnahmen zueinander zu setzen sind, ist auf der unterrichtspraktisch-didaktischen, organisatorischen und bildungspolitischen Ebene bedeutsam. Für Lehrerkräfte, die in diese drei Ebenen eingebunden sind, bestehen hier notwendigerweise mindestens zwei Spannungsverhältnisse: Das eine besteht zwischen dem Anspruch der ins fachliche Lernen integrierten Sprachbildung und der Frage der Notwendigkeit ergänzender DaZ-spezifischer Vertiefungen, die sich nicht zuletzt aus der grammatischen Komplexität der deutschen Sprache wie beispielsweise ihrem umfangreichen Kasussystem ergibt. Das zweite Spannungsverhältnis entsteht dadurch, dass in der gesamtgesellschaftlichen Diskussion und Wahrnehmung ‚Sprachbildung' und ‚-förderung' fast ausschließlich auf die deutsche Sprache bezogen werden. Für ‚reflektierende Praktiker' und Schulkollegien ist es nach unserem Verständnis wichtig, sich mit diesen beiden Spannungsfeldern auseinanderzusetzen, um für die Unterrichtsarbeit und die organisatorischen Abläufe der Schule Entscheidungen treffen und Handlungsräume erweitern zu können.

Dabei ist das Problem einer potenziell stigmatisierenden Zweiteilung der Schülerschaft, die mit *additiven* Formen der Sprachförderung einhergehen kann, und die aufgrund ihres Anschlusses an gesamtgesellschaftlich zugeschriebene Bilder und Stereotypen die Gefahr von Ausgrenzungen mit sich bringt, in die Überlegungen einzubeziehen. Eine ins fachliche Lernen *integrierte* Sprachförderung kann hingegen die „Markierung von Andersheit" (Dirim 2014: 96) vermindern. Entsprechend wurde mit dem Begriff der durchgängigen Sprach*bildung* und in Auseinandersetzung mit der Konzeption der Bildungssprache auch begrifflich gekennzeichnet, dass es um einen Paradigmenwechsel mit didaktischen Konsequenzen für alle Schulfächer geht. Gleichzeitig ist es jedoch „nicht ratsam, durchgängige Sprachbildung und Sprachförderung einfach gleichzusetzen, wie es zum Teil geschieht" (Reich 2013: 58). In der Grundschule müssen Lehrkräfte unterrichtspraktisch den Umstand berücksichtigen, dass die Aneignungspro-

54 Siehe für eine Übersicht Rösch 2005: 231 ff.

zesse bildungssprachlicher Fähigkeiten bei monolingual deutschsprachigen und zweisprachigen Schülerinnen und Schüler zwar ähnlich sind, doch ebenso, dass „sie sich dem Ziel von unterschiedlichen Ausgangslagen her annähern und die zweisprachigen Schülerinnen und Schüler die höheren Risiken tragen" (ebd.). Hinsichtlich des Einbezugs DaZ-didaktischer Übungsschleifen sei hier noch einmal auf die schon angeführte Analyse einer Sachunterrichtsstunde in einer 3. Klasse verwiesen, bei der herausgearbeitet wurde, dass Zweitsprachlernende weniger allgemeinsprachliches Wissen einbrachten und größere Schwierigkeiten bei der Darstellung komplexerer Zusammenhänge hatten (vgl. Ahrenholz 2010a: 32). Trotz der Anmerkung des Autors, dass es sich um die Analyse einer Einzelstunde handle, lässt sich dies durchaus als Hinweis verstehen, dass Lehrerinnen und Lehrer auch die allgemeinsprachlichen Grundlagen der Kinder mit in den Blick nehmen müssen. In den Worten von Hans Reich:

> „Sprachförderung ist daher als *Teil* der Sprachbildung zu sehen – als eine der Funktionen, die immer und überall, wo Schüler und Schülerinnen unterschiedlichen Sprachstandes miteinander lernen, zu erfüllen sind, und als eine Unterrichtsform, die neben dem Klassenunterricht (in seinen unterschiedlichen Formen) ihre Berechtigung hat" (2013: 59, Hervorh. im Orig.).

Vor diesem Hintergrund lassen sich in der Grundschule jene Unterrichtssettings, bei denen man sich primär an den Konzeptionen der Bildungssprache und der durchgängigen Sprachbildung orientiert, sinnvoll mit Konzepten verbinden, die schwerpunktmäßig in der Perspektive der Deutsch-als-Zweitsprache-Förderung[55] verortet sind. Die Grundschule hat mit ihrem pädagogisch-didaktischen Repertoire und ihren flexiblen, unterschiedlichen Organisationsweisen von Klassenunterricht zahlreiche Möglichkeiten sowohl integriert sprachbildend zu arbeiten als auch gegebenenfalls diesen Unterricht durch DaZ-didaktische Förder- und Übungsschleifen im Sinne einer Binnendifferenzierung zu ergänzen. So kann es beispielsweise sinnvoll sein, bestimmte grammatische Strukturen oder Phänomene wie Konjunktionalsätze oder die Veränderung einfacher Satzstrukturen durch die Verwendung trennbarer Verben mit alltagssprachlich bekanntem Vokabular zu üben oder umgekehrt fachsprachliche Begriffe mit den bereits vorhandenen Kenntnissen und dem Üben des deutschen Kasussystems zu verknüpfen. Aus der Perspektive der ‚reflektierten Praktikerin' sind solche DaZ-diaktischen Übungsschleifen in Verbindung mit dem Sachunterricht so zu planen, dass der Gesamtzusammenhang des gemeinsamen Gesprächsraums der Klasse bestehen bleibt und Ausgrenzungsprozesse sowohl in konkreter als auch symbolischer Hinsicht vermieden werden.

Berücksichtigung der Mehrsprachigkeit

Es ginge über den Rahmen dieser Handreichung hinaus, sich eingehender damit zu beschäftigen, wie die mehrsprachigen Ressourcen, über die die Schülerinnen und Schüler aufgrund ihrer Familiensozialisation verfügen, in das schulische Lernen im Sachunterricht einbezogen werden können. Bei jenen den Planungsrahmen in Abschnitt 5 jeweils vorangestellten ‚Anregungen & Möglichkeiten für Unterrichtsaktivitäten' haben wir jedoch unter der Rubrik ‚Mehrsprachigkeit' exemplarische Aktivitäten aufgenommen, bei denen die Kinder ihr mehrsprachiges

55 Siehe hierzu für eine grundlegende Darstellung Rösch 2003a.

Wissen – auch unter Einbeziehung ihrer Familie – einbringen können.[56] Dabei sind die Erfahrungen der Lehrkräfte sehr wichtig, wenn die lebensweltliche Mehrsprachigkeit der Schülerinnen und Schüler im schulischen Alltag stärker sicht- und hörbar gemacht werden soll, als es in der gegenwärtigen Schulpraxis häufig der Fall ist.[57] Denn die Lehrerinnen und Lehrer wissen in der Regel darum, dass die ‚sprachlichen Verhältnisse' ihrer zwei- und mehrsprachig aufwachsenden Schülerinnen und Schüler in hohem Maße vielfältig sind:

> „Die Verhältnisse der Individuen zu ihren Sprachen sind vielfältiger geworden. An die Stelle der herkömmlichen Zweiteilung in eine (durch Primärsozialisation erworbene) Muttersprache und die (schulisch zu erlernenden) Fremdsprachen ist eine größere Bandbreite von Sprachenbiographien getreten: Kinder, die mit zwei Muttersprachen aufwachsen; Familiensprachen, die von einer Zweitsprache überholt werden; Fremdsprachen, die zu Kommunikationssprachen werden; Dialekte, die sich neben der Standardsprache behaupten; Minderheitensprachen, die bewusst erhalten und gepflegt werden; Herkunftssprachen, die nachträglich ausgebaut oder neu aktiviert werden; Migrantensprachen, die in die Kommunikationen von Einheimischen übernommen werden" (Gogolin u. a. 2011a: 58).

Das Wissen um solche Vielfalten in der eigenen Klasse ist unabdingbarer Ausgangspunkt für die Planung von Unterrichtsaktivitäten. Aufgrund der traditionellen Einsprachigkeit des (Sach-)Unterrichts sind es die Kinder häufig nicht gewohnt, ihre mehrsprachigen Ressourcen einzubringen und die Bedingungen dafür sind erst einmal im Unterricht selbst pädagogisch-didaktisch herzustellen (vgl. Kenner/Ruby 2012). Aus einer diversitätsbewussten Perspektive ist es hierbei höchst relevant, dass der Einbezug der Mehrsprachigkeit als ein *Angebot* gestaltet wird, d. h. in einer Weise, die nicht essentialisiert oder kulturalisiert und auf Vorannahmen oder Zuschreibungen bewusst verzichtet. Entsprechend ist das Einbringen ihres mehrsprachigen Wissens seitens der Schülerinnen und Schüler als ein je individuelles zu verstehen. Ein Kind kann sich – durch Unterrichtsaktivitäten angeregt – dafür entscheiden, sich daran zu beteiligen, muss aber ebenso die Möglichkeit haben, nicht aktiv teilzunehmen. Es ließe sich sagen, dass die hier einzunehmende Perspektive dem Bildungsauftrag und der Pädagogik einer Grundschule entgegenkommt, die sich um die Entwicklung und das Lernen des einzelnen Kindes bemüht. Für Lehrkräfte, die ihre Unterrichtsaktivitäten im Bereich Mehrsprachigkeit erweitern wollen, ist es hilfreich, aktuelle Ansätze der angewandten Linguistik in den Blick zu nehmen. Diese stellen zunehmend ein Konzept von Sprache infrage, das auf der Vorstellung von Sprachen als klar abgrenzbaren Einheiten beruht, und rücken die konkreten sprachlichen Praktiken

---

56 Es geht hier um den Einbezug der Sprachen, die die Kinder der jeweiligen Klasse sprechen. Daher sind diese Unterrichtsaktivitäten selbstverständlich nicht als Alternativen zu Formen des Herkunftsprachlichen Unterrichts oder des bilingualen Sachunterrichts zu verstehen, die konzeptionell umfassend, jedoch nur auf eine bestimmte Sprache ausgerichtet, angelegt sind. Darüber hinaus ist das separate Aufführen solcher mehrsprachiger Unterrichtsaktivitäten nicht dahingehend misszuverstehen, dass die Kinder nicht auch in anderen Unterrichtssituationen des Sachunterrichts auf alle ihre sprachlichen Ressourcen zurückgreifen sollten.

57 In das Konzept der durchgängigen Sprachbildung ist die Mehrsprachigkeit der Schüler als eigenständige Dimension einbezogen (vgl. Gogolin u. a. 2011a: 57 ff.). Allerdings wird auch darauf hingewiesen, dass bei der Überwindung der traditionellen Einsprachigkeit des Unterrichts und der unterrichtspraktischen Umsetzung dieser Dimension noch ein erheblicher Entwicklungsbedarf besteht (vgl. Lange 2012: 138; siehe auch Reich 2013: 67 f.).

in den Fokus (vgl. Busch 2013: 9).[58] Im Englischen bringt der Begriff des *languaging* (García 2009: 31) diesen Perspektivwechsel und die Akzentuierung einer Sprecherperspektive anschaulich zum Ausdruck. Wenn Sprachen nicht objekthaft als Einheiten aufgefasst werden, die jemand quasi *besitzt*, sondern als soziale Praktiken, in denen jemand etwas mit Sprachen *tut* zu einem vom jeweiligen Kontext abhängigen Zweck (vgl. García 2009: 31), lassen sich angemessener jene Praktiken beschreiben, in die Zweisprachige involviert sind, um in ihrer mehrsprachigen Welt zu handeln. Der Begriff des *translanguaging* bezeichnet dabei ein bewusst vollzogenes Wechseln zwischen Sprachen, konzeptionalisiert als eine eigenständige sprachliche Praxis, die es ermöglicht, in Alltagssituationen zu agieren, Bedeutungen herzustellen und alle Sprecherinnen und Sprecher einzubeziehen (vgl. ebd.: 45). Ein solches Verständnis kann als Grundlage dienen, um angemessenere Passungsverhältnisse zwischen den außerschulischen Sprachpraktiken der lebensweltlich zwei- oder mehrsprachigen Schülerinnen und dem schulischen Lernen zu entwickeln. In diesem Sinne sollen die in Abschnitt 5 aufgeführten Aktivitäten die Mehrsprachigkeit der Schüler in den Sachunterricht einbeziehen und an ihre außerschulischen Erfahrungen anknüpfen. Gleichzeitig bieten sie auch für die in ihrer Familie monolingual aufwachsenden Kinder die Möglichkeit, Mehrsprachigkeit als Normalität und nicht als vermeintliche ‚Andersheit' sichtbar zu machen. Vor diesem Hintergrund ist das beim *Scaffolding* beschriebene ‚Sprechen über das Sprechen' auch im Sachunterricht um ein gemeinsames Erkunden und Nachdenken über das ‚mehrsprachige Sprechen' zu erweitern. Die ebenfalls in den ‚Anregungen & Möglichkeiten für Unterrichtsaktivitäten' skizzierten Vorschläge für Aktivitäten in der Fremdsprache ergänzen diese Thematik, gerade weil sowohl primär einsprachig sozialisierte als auch mehrsprachig aufwachsende Kinder beim Erlernen der Fremdsprache eine gemeinsame Erfahrung des Sprachlernens machen.

Verbindungen mit unterschiedlichen Lernarrangements des Sachunterrichts

Im ersten Kapitel haben wir das hohe Maß an individueller oder im kollegialen Team erarbeiteter Vorbereitung und die Kreativität angesprochen, die Lehrerinnen und Lehrer oft in den Sachunterricht investieren. Wie es gelingt, bildungssprachförderliche Unterrichtsarrangements umzusetzen und auszubauen, hängt daher auch davon ab, in welcher Weise sich Verbindungen herstellen lassen zwischen der Planungsrahmenarbeit und der facettenreichen Praxis des Sachunterrichts. Dabei müssen die Lehrkräfte jeweils auf die Unterrichtseinheit bezogen und nach ihrer Erfahrung entscheiden, wie sie in einer Einheit oder im Verlaufe mehrerer Unterrichtsrichtseinheiten Elemente des *Scaffolding*-Konzepts mit anderen didaktischen Aspekten ihres Unterrichts und somit gegebenenfalls auch mit offenen Lernarrangements wie projektorientiertem Arbeiten und Stationslernen verbinden. Für solche Verbindungen kann bei der Projektarbeit u.a die Fragestellung orientierend sein, wie Elemente eines dialogischen Unterrichtsgesprächs oder andere Möglichkeiten zur Gestaltung des Übergangs von der Alltags- zur Bildungssprache genutzt werden können. So ist beispielsweise zu fragen: Wo könnte dieser Übergang für die Schülerinnen und Schüler explizit gemacht werden; welche Inhalte sind gemeinsam im Unterrichtsgespräch zu erarbeiten;

58 Siehe für eine ausführliche Darstellung Busch 2013.

welche Kombinationen von Gruppenarbeiten und Arbeit in der Gesamtgruppe der Klasse sind sinnvoll; welche Formen der Unterstützung durch gemeinsame Ko-Konstruktion der Bedeutungen benötigen die Kinder vorab, z. B. um eine gemeinsame, versprachlichte Erfahrungsgrundlage für Unterrichtsaktivitäten zu haben; wo ist es sinnvoll, zusammen Bedeutungen herzustellen, bevor eine Informationsrecherche beginnt; welche sprachlichen Mittel benötigen die Kinder für die Vorbereitung einer mündlichen Präsentation oder schriftlichen Darstellung? Hinsichtlich des Arrangements der Stationsarbeit ergeben sich u. a. folgende Fragen: Wie können dialogische Situationen an einer Station hergestellt werden; wie kann man eine Station so gestalten, dass sie bewusstes sprachliches Handeln und sprachliche Interaktionen ermöglicht; welche Arten von Texten sollen an einer Station verwandt werden; welche Form der Unterstützung durch visualisierte sprachliche Mittel ist sinnvoll oder erforderlich; in welcher Weise soll mit dem Erarbeiteten bzw. Gelernten sprachlich gehandelt werden; wie können Stationen nicht nur inhaltlich, sondern auch im Hinblick auf sprachliche Aspekte aufeinander abgestimmt werden; kann eine *Scaffolding*-‚Forscherinnenkonferenz' aufgenommen werden – und wenn, zu welchem Zeitpunkt des Stationslernens?

Wenn im Sachunterricht einer Klasse ein Spektrum von Unterrichtsarrangements Verwendung findet, ist es sehr nützlich, diese auch unter einer bildungssprachförderlichen Perspektive und im Sinne des *Scaffolding* aufeinander abzustimmen. So können Schüler beispielsweise, nachdem sie sich bei gemeinsam erarbeiteten Unterrichtsthemen die Umsetzung bestimmter Sprachhandlungen und entsprechende Satzstrukturen angeeignet haben, diese auch bei Themen ihrer individuellen Wahl nutzen. Bei der mündlichen oder schriftlichen Darstellung des Erarbeiteten für die Mitschüler entsteht dann noch einmal ein realer Kommunikationsanlass im Sinn einer ‚Forscherinnenkonferenz'.

Anstelle eines Schlusses

Der Sachunterricht ist auch im Vergleich zu anderen Lernbereichen von einer äußerst hohen Komplexität gekennzeichnet (vgl. Klafki 1992: 11). Aus Sicht der Lehrkräfte, die ihren Unterricht planen, scheint diese Komplexität durch die Verbindung des fachlichen und sprachlichen Lernens noch einmal gesteigert; oder zumindest gerät sie verstärkt in den Blick. Zugleich ist Sachunterricht, wenn er ‚gelingt', immer ein wenig kreativer, spontaner und birgt mehr Überraschungen in sich als in der Planung vorhergesehen. Er spricht möglichst viele Sinne an, berücksichtigt fächerübergreifende Verknüpfungen und ist nicht zuletzt in der Lage, auf spontane Fragen der Kinder einzugehen. Diese Komplexitäten sind in einer Handreichung kaum abzubilden, sind aber grundlegende, wichtige Erfahrungen, die Schüler *und* Lehrerinnen im Sachunterricht machen. In anderen Worten, der Fokus der hier vorgelegten Unterrichtsarrangements und Planungsrahmen stellt, wenn auch zentrale, so doch nicht die einzigen Elemente des Unterrichts dar, die natürlich um weitere Aspekte wie z. B. Kreativität und Neugier zu ergänzen sind. Damit bildungssprachförderlicher Sachunterricht auf Dauer gelingen kann, ist – so ließe sich sagen – nicht nur die kommunikative Ordnung des Unterrichts zu reflektieren und zugunsten dialogischer Lernprozesse zu verschieben. Vielmehr sind dabei in einem Grundschulklassenzimmer, wo zum Mit-Sprechen ermuntert werden soll, auch in sprachlicher Hinsicht Kreativität und Neugier erlebbar zu machen – für die Schülerinnen und ihre Lehrer. Von ‚Wegen zur Bildungssprache im Sachunterricht' zu sprechen, bezieht sich auf den Annäherungsprozess der Schülerinnen und Schüler an fach- und bildungssprachliche Äußerungen. Diese Perspektive ist aber ebenso auf unsere Bemühungen als Pädagoginnen und Pädagogen zu beziehen, diese Wege gemeinsam – und neugierig – mit den Kindern zu suchen, auszuprobieren und weiterzuentwickeln.

7. Literatur

Ahrenholz, Bernt (2010a): Bildungssprache im Sachunterricht der Grundschule. In: ders. (Hrsg.): Fachuntericht und Deutsch als Zweitsprache, 15–35.

Ahrenholz, Bernt (Hrsg.) (2010b): Fachuntericht und Deutsch als Zweitsprache. Tübingen: Narr.

Argyris Chris/Schön, Donald (1978): Theory in Practice: Increasing Professional Practice. San Francisco CA: Jossey-Bass.

Bainski, Christiane/Brandenburger, Anja/Hochherz, Wolf/Roth, Hans-Joachim (2013): European Core Curriculum for Inclusive Academic Language Teaching. Adaption des europäischen Kerncurriculums für inklusive Förderung der Bildungssprache Nordrhein-Westfalen. Köln: Universität Köln. Online-Version unter: http://www.eucim-te.eu/data/es027/File/Material/NRW.%20Adaptation.pdf [Zugriff: 16.03.2015].

Barkowski Hans/Harnisch, Ulrike/Krumm, Sigrid. ([2]1986): Handbuch für den Deutschunterricht mit Arbeitsmigranten. 2. durchgesehene u. ergänzte Ausgabe. Mainz: Werkmeister.

Bartnitzky, Horst (2005): Integriert, nicht isoliert: Sprachförderung in thematischen Unterrichtseinheiten. In: ders./Speck-Hamdan, Angelika (Hrsg.): Deutsch als Zweitsprache lernen. Frankfurt/M.: Grundschulverband, 196–204.

Becker-Mrotzek, Michael/Schramm, Karen/Thürmann, Eike/Vollmer, Helmut Johannes (Hrsg.) (2013): Sprache im Fach. Sprachlichkeit und fachliches Lernen. Münster: Waxmann.

Becker-Mrotzek, Michael/Vogt, Rüdiger ([2]2009): Unterrichtskommunikation. Linguistische Analysemethoden und Forschungsergebnisse. 2. bearbeitete und aktual. Auflage. Tübingen: Niemeyer.

Benholz, Claudia/Rau, Sarah (2011): Möglichkeiten der Sprachförderung im Sachunterricht der Grundschule, unter: http://www.uni-due.de/imperia/md/content/prodaz/sprachfoerderung_sachunterricht_grundschule.pdf [Zugriff: 16.03.2015].

Block, David (2003): The Social Turn in Second Language Acquisition. Edinburgh: EUP.

Bourdieu, Pierre (1997): Ökonomisches Kapital – Kulturelles Kapital – Soziales Kapital. In: ders.: Die verborgenen Mechanismen der Macht. Schriften zu Politik & Kultur 1. Hamburg: VSA, 49–79.

Brent Language Service (1999): Enriching Literacy – text, talk and tales in today's classroom. A practical handbook for multilingual schools. Stoke on Trent: Trentham.

Bruner, Jerome (1975): Language as an Instrument of Thought. In: Davies, Alan (Hrsg.): Problems of Language and Learning. London: Heinemann, 61–88.

Busch, Brigitta (2013): Mehrsprachigkeit. Wien: Facultas.

Christie, Frances (1985): Language and schooling. In: Tchudi, Stephen (Hrsg.): Language, schooling and society. Upper Montclair, NJ: Boynton/Cook, 21–40.

Christie, Frances (2012): Language Education Throughout the School Years: A Functional Perspective. Language Learning Monograph Series. Chichester: Wiley-Blackwell.

Collins, Allan/Brown, John S./Newman, Susan E. (1989): Cognitive Apprenticeship: Teaching The Crafts of Reading, Writing and Mathematics. In: Resnick, Lauren B. (Hrsg.): Knowing, Learning And Instruction. Essays In Honor Of Robert Glaser. Hillsdale, NJ: Erlbaum, 453–494.

Cummins, Jim (2000): Language, Power and Pedagogy. Bilingual Children in the Crossfire. Clevedon: Multilingual Matters.

Cummins, Jim (2008): BICS and CALP: empirical and theoretical status of the distinction. In: Street, Brian V./Hornberger, Nancy H. (Hrsg.): Encyclopedia of Language and Education, Vol. 2, Literacy. New York: Springer, 71–83.

Daniels, Harry (2001): Vygotsky and Pedagogy. London: Routledge.

Dirim, İnci (2014): Bildungssprache und ihre Förderung – Forschungsergebnisse, Konzepte und Materialien. In: Staatsinstitut für Schulqualität und Bildungsforschung München (Hrsg.): Divers – kontrovers? Ideen für den interkulturellen Schulalltag. München, 87–98, unter: https://www.isb.bayern.de/download/15407/divers_kontrovers.pdf [Zugriff: 16.03.2015].

Dirim, İnci/Mecheril, Paul (2010): Die Sprache(n) der Migrationsgesellschaft. In: Mecheril, Paul/do Mar Castro Varela, María/Dirim, İnci/Kalpaka, Annita/Melter, Claus (Hrsg.): Migrationspädagogik. Weinheim: Beltz, 99–120.

Egger, Evi/Schmölzer-Eibinger, Sabine (2012): Sprache in Schulbüchern. Empfehlungen zur Sprachverwendung in Schulbüchern für SchulbuchautorInnen, GutachterInnen und Schulbuchverlage. Wien: BMUKK, unter: http://www.oesz.at/sprachsensiblerunterricht/UPLOAD/sprache_in_schulbuechern.pdf [Zugriff: 16.03.2015].

Ehlich, Konrad/Bredel, Ursula/Garme, Brigitta/Komor, Anna/Krumm, Hans-Jürgen/McNamara, Tim/Reich, Hans H./Schnieders, Guido/ten Thije, Jan D./van den Bergh, Huub (2005): Anforderungen an Verfahren der regelmäßigen Sprachstandsfeststellung als Grundlage für die frühe und individuelle Förderung von Kindern mit und ohne Migrationshintergrund. Berlin: BMBF.

Engin, Havva/Müller-Boehm, Eva/Steinmüller, Ulrich/Terhechte-Mermeroğlu, Frederike (2004): Kinder lernen Deutsch als zweite Sprache. Prinzipien, Sequenzen, Planungsraster, Minimalgrammatik. Berlin: Cornelsen-Scriptor.

Ewerhardy, Anne/Kleickmann, Thilo/Möller, Kornelia (2012): Fördert ein konstruktivistisch orientierter naturwissenschaftlicher Sachunterricht mit strukturierenden Anteilen das konzeptionelle Verständnis bei den Lernenden? In: Zeitschrift für Grundschulforschung. Bildung im Elementar- und Primarbereich, 5(1), 76–88.

Fürstenau, Sara (2009): Lernen und Lehren in heterogenen Gruppen. In: dies./Gomolla, Mechtild (Hrsg.): Migration und schulischer Wandel: Unterricht. Wiesbaden: VS, 61–84.

Fürstenau, Sara (2012a): Grundlagen und Einführung: Interkulturelle Pädagogik und Sprachliche Bildung. Herausforderungen für die Lehrerbildung. In: dies. (Hrsg.): Interkulturelle Pädagogik und Sprachliche Bildung, 1–23.

Fürstenau, Sara (Hrsg.) (2012b): Interkulturelle Pädagogik und Sprachliche Bildung. Herausforderungen für die Lehrerbildung. Wiesbaden: Springer VS.

García, Ofelia (2009): Bilingual Education in the 21st Century. A Global Perspective. Chichester: Wiley-Blackwell.

Gass, Susan M. (1997): Input, Interaction, and the Second Language Learner. Mahweh, NJ: Erlbaum.

GDSU (²2013): Perspektivrahmen Sachunterricht. 2. vollständig überarbeitete und erweiterte Ausgabe. Bad Heilbrunn: Klinghardt.

Gibbons, Pauline (1993): Learning to Learn in a Second Language. Portsmouth, NH: Heinemann.

Gibbons, Pauline (1998): Classroom Talk and the Learning of New Registers in a Second Language. In: Language and Education 12, 2/1998, 99–118 (in deutscher Sprache Gibbons 2006a).

Gibbons, Pauline (2002): Scaffolding Language, Scaffolding Learning. Teaching Second Language Learners in the Mainstream Classroom. Portsmouth, NH: Heinemann.

Gibbons, Pauline (2006a): Unterrichtsgespräche und das Erlernen neuer Register in der Zweitsprache. In: Mecheril, Paul/Quehl, Thomas (Hrsg.): Die Macht der Sprachen, 269–290.

Gibbons, Pauline (2006b): Bridging Discourses in the ESL Classroom. Students, teachers, researchers. London: Continuum.

Gogolin, Ingrid (2006): Bilingualität und die Bildungssprache der Schule. In: Mecheril, Paul/Quehl, Thomas (Hrsg.): Die Macht der Sprachen, 79–85.

Gogolin, Ingrid (2013): Mehrsprachigkeit und bildungssprachliche Fähigkeiten. Zur Einführung in das Buch ‚Herausforderung Bildungssprache – und wie man sie meistert'. In: dies. u. a. (Hrsg.): Herausforderung Bildungssprache – und wie man sie meistert, 7–18.

Gogolin, Ingrid/Schwarz, Inga (2004): ‚Mathematische Literalität' in sprachlich-kulturell heterogenen Schulklassen. In: Zeitschrift für Pädagogik 50(2004) 6, 835–848, unter: http://www.pedocs.de/volltexte/2011/4843/pdf/ZfPaed_2004_6_Gogolin_Schwarz_Mathematische_Literalitaet_D_A.pdf [Zugriff: 16.03.2015].

Gogolin, Ingrid/Dirim, İnci/Klinger, Thorsten/Lange, Imke/Lengyel, Drorit/Michel, Ute/Neumann, Ursula/Reich, Hans H./Roth, Hans-Joachim/Schwippert, Knut (2011a): Förderung von Kindern und Jugendlichen mit Migrationshintergrund FörMig. Bilanz und Perspektiven eines Modellprogramms (FörMig Edition Band 7). Münster: Waxmann.

Gogolin, Ingrid/Lange, Imke (2011): Bildungssprache und Durchgängige Sprachbildung. In: Fürstenau, Sara/Gomolla, Mechtild (Hrsg.): Migration und schulischer Wandel: Mehrsprachigkeit. Wiesbaden: VS-Verlag, 107–127.

Gogolin, Ingrid/Lange, Imke/Hawighorst, Britta/Bainski, Christiane/Heintze, Andreas/Rutten, Sabine/Saalmann, Wiebke (2011b): Durchgängige Sprachbildung. Qualitätsmerkmale für den Unterricht (FörMig Material Band 3). Münster: Waxmann.

Gogolin, Ingrid/Lange, Imke/Michel, Ute/Reich, Hans H. (Hrsg.) (2013): Herausforderung Bildungssprache – und wie man sie meistert, (FörMig Edition Band 9). Münster: Waxmann.

Göncüoğlu, Claudia/Peschke, Beatrix/Quehl, Thomas/Siebert, Lena (2006): Sachtexte knacken 3/4. Materialien, Anregungen, Informationen für Lehrerinnen und Lehrer. Braunschweig: Schroedel.

Grießhaber, Wilhelm (2005) Sprachstandsdiagnostik im Zweitspracherwerb: Funktional-pragmatische Fundierung der Profilanalyse, unter: http://spzwww.uni-muenster.de/griesha/pub/tprofilanalyse-azm-05.pdf [Zugriff: 15.05.2015].

Grießhaber, Wilhelm (2010): (Fach-)Sprache im zweitsprachlichen Fachunterricht. In: Ahrenholz, Bernt (Hrsg.): Fachunterricht und Deutsch als Zweitsprache, 37–53.

Grießhaber, Wilhelm (2013): Die Profilanalyse für Deutsch als Diagnoseinstrument zur Sprachförderung, unter: https://www.uni-due.de/imperia/md/content/prodaz/griesshaber_profilanalyse_deutsch.pdf [Zugriff: 15.05.2015].

Günther, Hartmut (1997): Mündlichkeit und Schriftlichkeit. In: Balhorn, Heiko/Niemann, Heide (Hrsg.): Sprachen werden Schrift. Lengwil: Libelle, 64–73.

Hallet, Wolfgang (2013): Generisches Lernen im Fachunterricht. In: Becker-Mrotzek, Michael u. a. (Hrsg.): Sprache im Fach. Münster: Waxmann, 59–75.

Halliday, Michael A.K. (1978): Language as social semiotic. The social interpretation of language and meaning. London: Arnold.

Halliday, Michael A.K. (1985): An Introduction to Functional Grammar, London: Arnold.

Halliday, Michael A.K. (1993): Towards a Language-Based Theory of Learning. In: Linguistics and Education, 5, 93–116.

Halliday, Michael A.K. (2006): The Language of Science. Vol. 5 in the Collected Works of M.A.K. Halliday, edited by Jonathan Webster, London/New York: Continuum.

Halliday, Michael A.K./Hasan, Ruqaiya (1989): Language, context and text: aspects of language in a social-semiotic perspective. Oxford: OUP.

Halliday, Michael A.K./Matthiessen, Christian (2004): An Introduction to Functional Grammar. 3rd ed. London: Arnold.

Hammond, Jenny/Gibbons, Pauline (2005): Putting scaffolding to work: The contribution of scaffolding in articulating ESL education. In: Prospect 20, (1), 6–30.

Harren, Inga (2011): Die verborgene Arbeit der Fachlehrer – sprachliche Anforderungen im Fachunterricht. In: Osnabrücker Beiträge zur Sprachtheorie 80 (2011), 101–123.

Heilmann, Beatrix (2012): Diagnostik & Förderung – leicht gemacht, hrsg. von Grießhaber, Wilhelm. Stuttgart: Klett.

Hintzler, Klaus-Jürgen/Mehlin, Susanne/Weckowski, Dagmar (2009): Professionelle Lerngemeinschaften für die Qualitätsentwicklung von Sprachbildung im Unterricht. Eine Handreichung für Berater/innen. Berlin: Senatsverwaltung für Bildung, Wissenschaft und Forschung.

Kahlert, Joachim (³2009): Der Sachunterricht und seine Didaktik. 3. aktual. Auflage. Bad Heilbrunn: Klinghardt.

Kehbel, Simone/Leonhard, Michael/Quehl, Thomas/Röhner-Münch, Karla/Rösch, Heidi/Senff, Doris (2003): Werkstatt Deutsch als Zweitsprache. Arbeitshefte B–D. Hannover: Schroedel.

Kenner, Charmian/Ruby, Mahera (2012): Interconnecting Worlds. Teacher partnerships for bilingual learning. Stoke on Trent: Trentham.

Klafki, Wolfgang (1992/2005): Allgemeinbildung in der Grundschule und der Bildungsauftrag des Sachunterrichts, wiederabgedruckt in: Widerstreit Sachunterricht 4/2005, unter : http://www.widerstreit-sachunterricht.de/ebeneII/arch/klafki/klafki.pdf [Zugriff: 16.03.2015].

KMK (2013): Interkulturelle Bildung und Erziehung in der Schule (Beschluss der Kultusministerkonferenz vom 25.10.1996 i.d.F. vom 05.12.2013), Ständige Konferenz der Kultusminister der Länder der Bundesrepublik Deutschland, unter: http://www.kmk.org/fileadmin/veroeffentlichungen_beschluesse/1996/1996_10_25-Interkulturelle-Bildung.pdf [Zugriff: 16.03.2015].

Kniffka, Gabriele/Neuer, Birgit (2008): ‚Wo gehts hier nach ALDI?' Fachsprachen lernen im kulturell heterogenen Klassenzimmer. In: Budke, Alexandra (Hrsg.): Interkulturelles Lernen im Geographieunterricht, Potsdamer Geographische Forschungen Bd. 27. Magdeburg, 121–136.

Koch, Peter/Oesterreicher, Wulf (1986): Sprache der Nähe – Sprache der Distanz. Mündlichkeit und Schriftlichkeit im Spannungsfeld von Sprachtheorie und Sprachgeschichte. In: Romanistisches Jahrbuch, Bd. 36. Berlin/New York: de Gruyter, 15–43.

Köhnlein, Walter (1996): Leitende Prinzipien und Curriculum des Sachunterrichts. In: Gumpler, Edith/Wittkowske, Steffen (Hrsg.): Sachunterricht heute. Zwischen interdisziplinärem Anspruch und traditionellem Fachbezug. Bad Heilbrunn: Klinkhardt, 46–76.

Kozulin, Alex (1998): Psychological Tools: A Sociocultural Approach to Education. Cambridge, MA: Harvard UP.

Krämer, Silke (2009): Scaffolding – ein Baugerüst für die Fachsprache. In: Unterricht Chemie 20/2009, 111/112, 34–43.

Krashen, Stephen (1982): Principles and Practices in Second Language Acquisition. Oxford/New York: Pergamon.

Landesinstitut für Lehrerbildung und Schulentwicklung Hamburg (2012): Durchgängige Sprachbildung am Beispiel der Operatoren. Hamburg: LI.

Lange, Imke (2012): Von ‚Schülerisch' zu Bildungssprache. Übergänge zwischen Mündlichkeit und Schriftlichkeit im Konzept der Durchgängigen Sprachbildung. In: Fürstenau, Sara (Hrsg.): Interkulturelle Pädagogik und Sprachliche Bildung, 123–142.

Lengyel, Drorit (2009): Zweitspracherwerb in der Kita. Eine integrative Sicht auf die sprachliche und kognitive Entwicklung mehrsprachiger Kinder. Münster: Waxmann.

Lengyel, Drorit (2010): Bildungssprachförderlicher Unterricht in mehrsprachigen Lernkonstellationen. In: Zeitschrift für Erziehungswissenschaft 2010/13, 593–608.

Lengyel, Drorit (2012): Unterrichtsinteraktion in sprachlich heterogenen Klassen. In: Fürstenau, Sara (Hrsg.): Interkulturelle Pädagogik und Sprachliche Bildung, 143–161.

Lengyel, Drorit/Reich, Hans H./Roth, Hans-Joachim./Döll, Marion (Hrsg.) (2009): Von der Sprachdiagnose zur Sprachförderung (FÖRMIG Edition Band 5). Münster: Waxmann.

Long, Mike H. (1983): Native speaker/non-native speaker conversation and the negotiation of comprehensible input. In: Applied Linguistics 4/1983, 126–141.

Martin, J.R./Rose, David (2008): Genre Relations. Mapping Culture. London: Equinox.

Mecheril, Paul/Quehl, Thomas (Hrsg.) (2006a): Die Macht der Sprachen. Englische Perspektiven auf dic mehrsprachige Schule. Münster: Waxmann.

Mecheril, Paul/Quehl, Thomas (2006b): Sprache und Macht. Theoretische Facetten eines (migrations-)pädagogischen Zusammenhangs. In: dies. (Hrsg.): Die Macht der Sprachen, 355–381.

Mecheril, Paul/Quehl, Thomas (2015): Die Sprache der Schule. Eine migrationspädagogische Kritik der Bildungssprache. In: Thoma, Nadja/Knappik, Magdalena (Hrsg.): Sprache und Bildung in Migrationsgesellschaften: Machtkritische Perspektiven auf ein prekarisiertes Verhältnis. Bielefeld: Transcript, 151–177.

Mercer, Neil (1995): The Guided Construction of Knowledge. Talk amongst teachers and learners. Clevedon: Multilingual Matters.

Ministerium für Schule und Weiterbildung des Landes NRW (2008): Richtlinien und Lehrpläne für die Grundschule in Nordrhein-Westfalen, unter: http://www.schulentwicklung.nrw.de/lehrplaene/upload/klp_gs/LP_GS_2008.pdf [Zugriff: 16.03.2015].

Ministerium für Schule und Weiterbildung des Landes NRW (2014): Referenzrahmen Schulqualität NRW, unter: http://www.schulentwicklung.nrw.de/referenzrahmen/upload/download/Referenzrahmen_final.pdf [Zugriff: 16.03.2015].

Mohan, Bernard (1986): Language and Content. Reading, MA: Addison-Wesley.

Möller, Kornelia (2007a): Genetisches Lernen und Conceptual Change. In: Kahlert, Joachim/Fölling-Albers, Maria/Götz, Margarete/Hartinger, Andreas/von Reeken, Dietmar/Wittkowske, Steffen (Hrsg.): Handbuch Didaktik des Sachunterrichts. Bad Heilbrunn: Klinkhardt, 258–266.

Möller, Kornelia (2007b): Handlungsorientierung im Sachunterricht. In: Kahlert, Joachim u. a. (Hrsg.): Handbuch Didaktik des Sachunterrichts. Bad Heilbrunn: Klinkhardt, 411–416.

Müller, Annette/Rösch, Heidi (1985): Deutschlernen mit ausländischen Kindern im Vorschulalter. Berlin: Express Edition.

Neugebauer, Uwe/Becker-Mrotzek, Michael (2013): Die Qualität von Sprachstandsverfahren im Elementarbereich. Köln: Mercator-Institut für Sprachförderung und Ddeutsch als Zweitsprache, unter: http://www.mercator-institut-sprachfoerderung.de/fileadmin/user_upload/Mercator-Institut_Qualitaet_Sprachstandsverfahren_Web_03.pdf [Zugriff: 16.03.2015].

Neurath, Otto (1932): Protokollsätze. In: Erkenntnis 3, 204–214.

Newman, Denis/Griffin, Peg/Cole, Michael (1989): The Construction Zone. Cambridge: CUP.

Pavlenko, Aneta/Lantolf, James (2000): Second language learning as participation and the (re)construction of selves. In: Lantolf, James (Hrsg.): Sociocultural Theory and Second Language Learning. Oxford: OUP, 155–177.

Quehl, Thomas (2009): Sprachbildung im Sachunterricht der Grundschule. In: Lengyel, Dront u. a. (Hrsg.): Von der Sprachdiagnose zur Sprachförderung, 193–205.

Quehl, Thomas (2010): Die Möglichkeiten des Scaffolding. Zur Gestaltung des Übergangs von der Alltagssprache der Kinder zur Fach- und Bildungssprache. In: Grundschulunterricht Deutsch 4/2010, 28–32.

Quehl, Thomas/Scheffler, Ute (2008): Möglichkeiten fortlaufender Sprachförderung im Sachunterricht. In: Bainski, Christiane/Krüger-Potratz, Marianne (Hrsg.): Handbuch Sprachförderung. Essen: NDS, 66–79.

Quehl, Thomas/Trapp, Ulrike (2013): Sprachbildung im Sachunterricht der Grundschule. Mit dem Scaffolding-Konzept unterwegs zur Bildungssprache (FörMig Material Band 4). Münster: Waxmann.

Reich, Hans H. (2013): Durchgängige Sprachbildung. In: Gogolin, Ingrid u. a. (Hrsg.): Herausforderung Bildungssprache – und wie man sie meistert, 55–70.

Reich, Hans H./Roth, Hans-Joachim (2004): HAVAS 5. Hamburger Verfahren zur Sprachstandsanalyse Fünfjähriger. Auswertungsbogen und Auswertungshinweise. Hamburg: Landesinstitut für Lehrerbildung und Schulentwicklung.

Reich, Hans H./Roth, Hans-Joachim (2007): HAVAS 5 – das Hamburger Verfahren zur Analyse des Sprachstands bei Fünfjährigen. In: Reich, Hans H./Roth, Hans-Joachim/Neumann, Ursula (Hrsg.): Sprachdiagnostik im Lernprozess. Verfahren zur Analyse von Sprachständen im Kontext von Zweisprachigkeit (FörMig Edition Band 3). Münster: Waxmann, 71–94.

Riebling, Linda (2013): Heuristik der Bildungssprache. In: Gogolin, Ingrid u. a. (Hrsg.): Herausforderung Bildungssprache – und wie man sie meistert, 106–153.

Röhner, Charlotte/Hövelbrinks, Britta (Hrsg.) (2013): Fachbezogene Sprachförderung in Deutsch als Zweitsprache. Theoretische Konzepte und empirische Befunde zum Erwerb bildungssprachlicher Kompetenzen. Weinheim: Juventa.

Rösch, Heidi (Hrsg.) (2003a): Deutsch als Zweitsprache. Grundlagen, Übungsideen und Kopiervorlagen für die Sprachförderung. Hannover: Schroedel.

Rösch, Heidi (2003b): Mehr Sprache(n) in Kindergarten und Grundschule. In: Beauftragte der Bundesregierung für Migration, Flüchtlinge und Integration (Hrsg.): Förderung von Migranten und Migrantinnen im Elementar- und Primarbereich. Fachtagung am 7. März 2003 in Berlin. Dokumentation, 57–67.

Rösch, Heidi (Hrsg.) (2005): Deutsch als Zweitsprache. Sprachförderung in der Sekundarstufe 1. Grundlagen, Übungsideen, Kopiervorlagen. Mitsprache. Braunschweig: Schroedel.

Rösch, Heidi (2011): Deutsch als Zweit- und Fremdsprache. Berlin: Akademie-Verlag.

Rolff, Hans-Günter (2008): Unterrichtsentwicklung etablieren und leben. In: Berkemeyer, Nils/Bos, Wilfried/Manitius, Veronika/Müthing, Kathrin (Hrsg.): Unterrichtsentwicklung in Netzwerken. Münster: Waxmann, 73–93.

Rose, David/Martin, J.R. (2012): Learning to Write, Reading to Learn. Genre, Knowledge and Pedagogy in the Sydney School. Sheffield: Equinox.

Roth, Hans-Joachim (2006): Praktische Gelingensbedingungen und theoretische Grundlagen des Zweit-Sprachunterrichts. In: Mecheril, Paul/Quehl, Thomas (Hrsg.): Die Macht der Sprachen, 343–352.

Roth, Hans-Joachim (2007): Scaffolding – ein Ansatz zur aufbauenden Sprachförderung. In: Kompetenzzentrum Sprachförderung Köln. Newsletter Februar 2007, 33–35 unter: http://www.detlef-heints.de/pdf/archiv/NewsletterKompSpraFeb07.pdf [Zugriff: 16.03.2015].

Roth, Hans-Joachim (2014) Diagnostik von Sprachkompetenzen im Vor- und Grundschulalter bei Kindern mit und ohne Migrationshintergrund. In: Rühle, Sarah/Müller, Annette/Knobloch, Phillip D.T. (Hrsg.): Mehrsprachigkeit – Diversität – Internationalität. Erziehungswissenschaft im transnationalen Bildungsraum. Münster: Waxmann, 157–184.

Schleppegrell, Mary (2004): The Language of Schooling: A Functional Linguistics Perspective. Mahwah, NJ: Erlbaum.

Schmölzer-Eibinger, Sabine (2013): Sprache als Medium des Lernens im Fach. In: Becker-Mrotzek, Michael u. a. (Hrsg.): Sprache im Fach. Münster: Waxmann, 25–40.

Schön, Donald (1983): The Reflective Practitioner. London: Temple Smith.

Scott, David (2008): Critical Essays on Major Curriculum Theorists. London/New York: Routledge.

Somani, Narmin/Mobbs, Michael (1997): Using Pauline Gibbons Planning Framework: Examples Of Practice. In: NALDIC News 13. Nov. 1997/NALDIC 2011 unter:

http://www.naldic.org.uk/Resources/NALDIC/Teaching%20and%20Learning/Documents/Using_Gibbons_Framework.pdf [Zugriff: 16.03.2015].

Soostmeyer, Michael: (2002): Genetischer Sachunterricht. Baltmannsweiler: Schneider.

Swain, Merill (1985): Communicative Competence: some roles of comprehensible input and comprehensible output in its development. In: Gass, Susan M./Madden, Carolyn G. (Hrsg.): Input in second language acquisition. Rowley, MA: Newbury House, 235–253.

Swain, Merill (2000): The output hypothesis and beyond: Mediating acquisition through collaborative dialogue. In: Lantolf, James (Hrsg.): Sociocultural Theory and Second Language Learning. Oxford: OUP, 97–114.

Tajmel, Tanja (2009): Ein Beispiel: Physikunterricht. In: Fürstenau, Sara/Gomolla, Mechtild (Hrsg.): Migration und schulischer Wandel: Unterricht. Wiesbaden: VS, 139–155.

Tajmel, Tanja (2011): Sprachliche Lernziele des naturwissenschaftlichen Unterrichts, unter: http://www.uni-due.de/imperia/md/content/prodaz/sprachliche_lernziele_tajmel.pdf [Zugriff: 16.03.2015].

Tajmel, Tanja (2013): Möglichkeiten der sprachlichen Sensibilisierung von Lehrkräften naturwissenschaftlicher Fächer. In: Röhner, Charlotte/Hövelbrinks, Britta (Hrsg.): Fachbezogene Sprachförderung in Deutsch als Zweitsprache, 198–211.

Tausch, Michael/von Wachtendonk, Magdalene (2008): Chemie 2000+ NRW 7. Bamberg: Buchners.

Thiel, Siegfried (1972): Grundschulkinder zwischen Umgangserfahrung und Naturwissenschaft. In: Grundschule 4, Heft 5, 306–311.

Thompson, Geoff (2014): Introducing Functional Grammar. 3rd ed. London/New York: Routledge.

Thürmann, Eike/Vollmer, Helmut J. (2013): Schulsprache und Sprachsensibler Fachunterricht: Eine Checkliste mit Erläuterungen. In: Röhner, Charlotte/Hövelbrinks, Britta (Hrsg.): Fachbezogene Sprachförderung in Deutsch als Zweitsprache, 212–233.

Treetzen, Ulla (2009): Sprachbildung in allen Fächern – Planungshilfe für den sprachsensiblen Unterricht. In: Hawighorst, Britta (2009): Durchgängige Sprachbildung an der Realschule Friedrichsgabe. Ein Portrait. Hamburg. Seite 40, unter: http://www.foermig.uni-hamburg.de/cosmea/core/corebase/mediabase/foermig/Modellschulen/RSFriedrichsgabe_Portrait.pdf [Zugriff: 16.03.2015].

Umwelt-Bildungs-Zentrum Steiermark (2014): Der Treibhauseffekt. In: KlimaFit. Die Website, Ausgabe 3, Volksschule, unter: http://www.klimafit.at/de/ausgabe_3_volksschule/der_treibhauseffekt [Zugriff: 16.03.2015].

Vollmer, Helmut J. (2011): Schulsprachliche Kompetenzen: Zentrale Diskursfunktionen, unter: http://www.home.uni-osnabrueck.de/hvollmer/VollmerDF-Kurzdefi nitionen.pdf [Zugriff: 16.03.2015].

Vollmer, Helmut J./Thürmann, Eike (2010): Zur Sprachlichkeit des Fachlernens: Modellierung eines Referenzrahmens für Deutsch als Zweitsprache. In: Ahrenholz, Bernt (Hrsg.): Fachunterricht und Deutsch als Zweitsprache, 107–132.

Vollmer, Helmut J./Thürmann, Eike (2013): Sprachbildung und Bildungssprache als Aufgabe aller Fächer der Regelschule. In: Becker-Mrotzek, Michael u.a. (Hrsg.): Sprache im Fach. Münster: Waxmann, 41–57.

Vygotskij, Lev S. (2002): Denken und Sprechen. Weinheim: Beltz.

Wagenschein, Martin (1971): Die pädagogische Dimension der Physik. Braunschweig: Westermann.

Wells, Gordon (1999): Dialogic Inquiry. Towards a Sociocultural Practice and Theory of Education. Cambridge: CUP.

Wood, David/Bruner, Jerome/Ross, Gail (1976): The role of tutoring in problem solving. In: Journal of Child Psychology and Psychiatry 17 (2), 89–100.